ORACLE and SACRIFICE in the woods, Wien, 2022

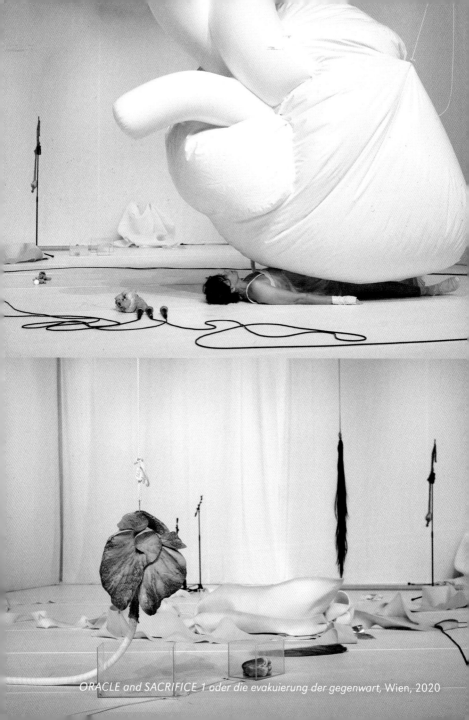

ORACLE and SACRIFICE 1 oder die evakuierung der gegenwart, Wien, 2020

ORACLE and SACRIFICE in the woods, Wien, 2021

IDEAL PARADISE

the last IDEAL PARADISE, Jakarta, 2020

THYESTES BRÜDER! KAPITAL, Wien, 2019

POEMS of the DAILY MADNESS, Wien, 2017

POEMS of the DAILY MADNESS, Bochum, 2018

IDEAL PARADISE *clash*, Wien, 2016

oben: *the last IDEAL PARADISE,* Düsseldorf, 2016
unten: *catastrophic paradise,* Düsseldorf, 2014

designed desires, Düsseldorf, 2013

designed desires, Wien, 2012

oben: *dominant powers. was also tun?*, Wien, 2011
l. u. r. unten: *dominant powers. que faire, alors?*, Tunis, 2012

oben: *biographical landscapes*, Zagreb, 2012

der raum der raum das bild das bild das bett der baum und die entblößung der leiber, Wien, 2011

BURNING BEASTS, Frankfurt, 2012

Postdramatisches Theater in Portraits
Herausgegeben von Florian Malzacher,
Aenne Quiñones und Kathrin Tiedemann
Eine Reihe der

Kunststiftung
NRW

Fanti Baum,
Kathrin Tiedemann (Hg.)

Claudia Bosse

Kein Theater. Alles möglich

Alexander Verlag Berlin

Claudia Bosse lebt in Wien und Berlin und ist eine international tätige Regisseurin, Choreografin, Künstlerin. Sie ist Mitbegründerin und künstlerische Leiterin des *theatercombinat*. Ihre Arbeiten verhandeln Formen von Gewalt, Geschichte und konkrete Utopien. Als Kunst einer temporären Gemeinschaft versteht sie ihre raumgreifenden Choreografien, bei denen sie Mythen, Rituale, Texte und Dokumente mit Körpern, Sprache, Lebewesen, Objekten und Chören zu immer raumspezifischen Arbeiten verschränkt. Innerhalb und außerhalb Europas, in Museen, Architekturen, Theatern, Landschaften und Stadträumen entwickelt sie Performances, Installationen und Interventionen. Claudia studierte Schauspielregie an der Hochschule für Schauspielkunst Ernst Busch, Berlin, und unterrichtet an diversen Akademien und Universitäten als Gastprofessorin oder Dozentin. Seit 2022 arbeitet sie an dem 4-Jahres-Zyklus *ORGAN/ismus poetik der relationen*, der mit der Premiere von *BONES and STONES* im Tanzquartier Wien eröffnet wurde. www.theatercombinat.com

Fanti Baum lebt und arbeitet als Künstlerin und Theoretikerin in Dortmund und Frankfurt. In unterschiedlichen Kollaborationen zwischen den Künsten entwickelt sie Performances, Installationen, Tanzstücke und ortsspezifische Arbeiten. Zusammen mit Olivia Ebert war sie 2016 künstlerische Leiterin des Festivals *implantieren* in Frankfurt; gemeinsam leiteten sie 2016–2020 das FAVORITEN Festival in NRW. 2020 erhielt Fanti Baum den Künstler:innenpreis der Stadt Dortmund, 2021 war sie Stipendiatin der Akademie Schloss Solitude sowie *Artist in Residence* bei der Hamburger DFG-Kolleg-Forschungsgruppe »Imaginarien der Kraft«. Mit Sebastian Klawiter gewann sie 2022 den Public Art Award der Stadt München (www.heutekeinprogramm.de). Sie lehrt Performance in Theorie und Praxis an unterschiedlichen Kunsthochschulen und Universitäten.

Kathrin Tiedemann ist seit 2004 künstlerische Leiterin und Geschäftsführerin des FFT (Forum Freies Theater) Düsseldorf. Aufgewachsen in Hamburg, ging sie zum Studium nach Berlin, wo sie die Zeit vor und nach dem Fall der Berliner Mauer in verschiedenen Medien- und Theaterprojekten miterlebte. Sie arbeitete als Redakteurin und Autorin für die Fachzeitschrift *Theater der Zeit* und die Wochenzeitung *Der Freitag*, war 1996 Mitbegründerin und bis 2003 Kuratorin des Festivals *reich & berühmt* und 2001–2004 Dramaturgin auf Kampnagel Hamburg. Veröffentlichungen: *Reality Strikes Back. Tage vor dem Bildersturm. Eine Debatte zum Einbruch der Wirklichkeit in den Bühnenraum* (2007), *Reality Strikes Back II. Tod der Repräsentation. Die Zukunft der Vorstellungskraft in einer globalisierten Welt* (2010) sowie *Gintersdorfer/Klaßen – Eleganz ist kein Verbrechen/Postdramatisches Theater in Portaits* (2020).

Inhalt

Fanti Baum & Kathrin Tiedemann

Kein Theater. Alles möglich

Zur künstlerischen Praxis
von Claudia Bosse

I.

»KEIN THEATER« – ALS AUSGANG

»Was eigentlich los war?« – so setzt ein kurzes Notat von Hans-Thies Lehmann (htl) über eine Aufführung des *theatercombinat* ein. Und dieser aus Bertolt Brechts *Fatzer*-Fragment entlehnte Satz zeugt von tiefgreifender Verunsicherung, mehr noch, steht er bei Brecht im Kontext eines radikal Unverständlichen, das sich in keiner Weise auflösen lässt. Nur wenige Zeilen später heißt es in Lehmanns Notat über die Aufführung *massakermykene* (2000): »Kein Theater.«

Dem Theater des *theatercombinat* scheint etwas zu fehlen. Und dies ist offenbar so wesentlich, dass der Begriff des Theaters nicht zu greifen scheint. Liest man heute Texte über den Beginn der künstlerischen Praxis von Claudia Bosse und über die Anfänge des *theatercombinat* – beides ereignet sich in der zweiten Hälfte der 1990er-Jahre in Berlin – wird deutlich, dass gleich zu Beginn das Theater *überhaupt* zur Disposition steht. Dies zeigt sich zunächst in den Veröffentlichungen zu den künstlerischen Vorhaben. Nie ist dort von Premieren die Rede, selten von Stücken, stattdessen sind gemeinsame Arbeitsprinzipien, Proben- oder geteilte Lebenszeit angegeben, die über Wochen, Monate, gar Jahre reichen, und immer gibt es diese eigenartige Verschiebung hin zum Zeigen des Nicht-Fertigen, oder besser: beharrt schon die Sprache der Verlautbarung darauf, dass man mit Heiner Müllers *Mauser*, Elfriede Jelineks Texten und

Kommentaren zum Theater *Ich möchte seicht sein* oder *Sinn egal.*
Körper zwecklos und *Stecken, Stab und Stangl* genauso wie mit
Bertolt Brechts *Fatzer*-Fragment oder Aischylos' *Orestie* gar nie
fertig werden kann. Stattdessen gibt es: Werkstätten, Versuchs-
anordnungen, Laboratorien, Veröffentlichungen. Auf der anderen
Seite ringen jene, die zu diesen sonderbaren, einmaligen, einzig-
artigen Zusammenkünften des *theatercombinat* zusammenkommen, um Worte, die Teilhabe an diesem *Theater* zu beschreiben.
»Die Aufführung«, so heißt es über *massakermykene*, sei »überhaupt nichts, was sich überschauen ließe«, mehr noch, schreibt
Nikolaus Müller-Schöll (nms), sei der Zuschauende in seinen
Beschreibungsversuchen auf Negation angewiesen. Denn es handele sich hier um »[k]eine Repräsentation, kein Werk mit Anfang,
Mitte und Ende, keine Tragödie, deren Helden im fünften Akt
sterben, keine Handlung, keine Stellungnahme zu irgendetwas,
keine Illustration von irgendetwas, überhaupt nichts, was sich
überschauen ließe«. Dennoch versuchen diese Beschreibungen
etwas aus der Negation zu gewinnen, etwas anderes, über das
Theater Hinausreichendes aus der radikalen, mitunter verstö-
renden oder verunsichernden künstlerischen Praxis des *theatercombinat* herauszuschälen. Und dieses Andere verweist auf etwas,
das mit Hans-Thies Lehmann unter dem Begriff des postdrama-
tischen Theaters firmiert. Zugleich ist genau jene künstlerische
Praxis eine großzügige Einladung der Künstler:innen, uns als Zuschauende an ihren Auseinandersetzungen teilhaben zu lassen,
eine Einladung für den Entzug sicher geglaubter Ordnungen und
Gewissheiten, eine Einladung für Begegnungen, »inszenierte und
zufällige, persönlich-private und *ästhetische*«, eine Einladung für
ein gemeinsames Tun, das sich selbst aufs Spiel setzt, die eigenen Grenzen und erst recht die des Betriebs verschiebt, aussetzt,
überschreitet, sprengt; sich und uns gefährdet: »Tritt näher, geh
fort, alles ist möglich. Kein Theater.« (htl)

ORACLE and SACRIFICE in the woods, Wien, 2022

Kein Theater – was unmittelbar, schon in den ersten Arbeiten auffällt, ist die Abwesenheit eines Theaterraums. Eine solche Herberge wird es auch in den folgenden 25 Jahren nur in den seltensten Fällen geben, und wenn doch, dann wird jener Raum gegen seine eigenen Regeln gewendet werden. Doch zunächst ließe sich ja fragen: Stehen Mitte der 1990er-Jahre in Berlin keine Räume im »allgemeinen, alterprobten, berühmten und unentbehrlichen Institut«, wie Bertolt Brecht das Theater nennt, zur Verfügung? Oder sind es immer noch genau jene Adjektive, die eine Gruppe von Künstler:innen kurz nach dem Mauerfall in Berlin Räume suchen lassen, die sich von eben diesem Institut »außerordentlich unterscheiden« – und immer noch die Notwendigkeit eines *Thaeters* aufscheinen lassen? Die ersten »Veröffentlichungen« lassen sich jedenfalls wie folgt finden: »Nähe Alexanderplatz. Klosterruine. Grundmauern. Kein Dach.« Dennoch gibt es so etwas wie eine Anbindung als *artist in residence* im Podewil. Aus dieser Art des Zu-Gast-Seins resultiert eine sieben Monate währende Probenzeit zu Heiner Müllers *Mauser*. Genau hier, mitten in der leeren Mitte Berlins, sucht die im Werden begriffene künstlerische Praxis des *theatercombinat* nach Räumen, in denen etwas möglich wird, das im Theater gar nicht so einfach zu haben ist: Zeit und Raum jenseits von neoliberalen Theaterökonomien. Sie selbst beschreiben dies jedoch gerade nicht aus der Negation heraus, stattdessen als »Luxus«, als »Luxus von Arbeit zu gleicher Zeit im gleichen Raum«. Mitten auf den Berliner Brachflächen und in den Umbrüchen der Theaterlandschaft der 1990er-Jahre ereignet sich so »die Verknüpfung von körperlicher, politischer und intellektueller Arbeit«.

Doch wer kommt hier eigentlich zusammen? Wie die Aufführungen im besten Sinne etwas sind, vielmehr »überhaupt nichts, was sich überschauen ließe« (nms), so scheint zu Beginn auch noch ungewiss, wer oder was dieses *theatercombinat* ist, sein soll, werden könnte. Es ist zunächst ein unbestimmtes Zusammenkommen, 16 Tage, so ist im Material zur Inszenierung zu lesen, an denen acht Personen aus den darstellenden und bildenden Künsten zusammenarbeiten, »aus Entdeckergeist, um Mittel zu erforschen« – und »nicht um die bekannten zu rezitieren« –, vielmehr »um das Theater anders zu denken«, als »Möglichkeit einer öffentlichen kollektiven Praxis«. Die Tage sind aufgeteilt, jede:r übernimmt die Verantwortung für den Ablauf, die Gestaltung zweier Tage, mal ereignen sich kurze Interventionen, ein anderes Mal dauert die Performance einen Tag und eine Nacht, immer finden sie woanders statt. Jede:r, so lautet die Vereinbarung des kollektiven Arbeitens, »stellt […] sich dem Anderen als Arbeitsmaterial zur Verfügung«; und die wichtigste Bedingung trägt den Künstler:innen auf, »nicht zu diskutieren, sondern durch […] eigene Vorschläge zu reagieren, praktisch zu argumentieren«, sich also in der praktischen Arbeit *in actu* künstlerisch zu verständigen. Aus diesem Experiment – oder ersten Laboratorium – bleiben vier Frauen übrig: Claudia Bosse, Dominika Duchnik, Heike Müller und Silke Rosenthal, die – zumindest für den Moment – beschließen, gemeinsam weiterzuarbeiten. Auch wenn diese Konstellation sich bald darauf noch einmal verschieben wird – neue Menschen hinzukommen und andere eigene Wege gehen, sich die Praxis selbst damit verändern wird –, ist diese aus heutiger Sicht doch äußerst bemerkenswert: vier Frauen, die beschlossen hatten, *das Theater anders zu denken.* »Zu viert«, so ließe sich mit Brechts *Fatzer*-Fragment sagen, »hofften sie in diesem *von ihnen erwarteten Aufstand* mithelfen zu können.«

Blickt man heute auf diese Arbeit zurück, so könnte man meinen, dass vieles, was 25 Jahre später die Arbeit von Claudia Bosse ausgemacht haben wird und immer wieder aufs Neue ausmacht, hier schon in Fäden offen daliegt: ein besonderer Zugriff auf Raum und Sprache, Körper und Choreografie, Chor und Dauer. Und so formulieren die Vier mit Heiner Müller eine Praxis jenseits des bürgerlichen Theaters: »*Mauser* fordert Theater ohne Identifikations- und Illusionsangebot. *Mauser* will die Trennung von Körper und Sprache. *Mauser* verweigert die Unterwerfung des Sprachklangs unter eine Interpretation. *Mauser* verlangt nach Körpern in einer Architektur ohne Dekoration. *Mauser* heißt: dramatisches Zentrum ist der Chor. Die wechselnden Einzelspieler (A+B) bilden sich aus dem Chorgefüge heraus und werden wieder Teil von ihm.«

Dabei gründet sich die Zusammenarbeit auf das ästhetische Moment, Texte als Widerstand zu begreifen. Darüber hinaus vereint die Vier die Einsicht, dass die widerständigen Texte »den Atem und die Gedanken des Sprechenden benötigen«, wie sie

commune 1-73: the assembly of different beings, Düsseldorf, 2022

zugleich in dessen Körper und dessen Gedankenwelt eingreifen.
»Theater«, wird Claudia Bosse viel später während der Arbeit zu
phèdre 2008 in einem Interview mit *Theater der Zeit* zu Protokoll geben, »ist zu jeder Zeit ein gesellschaftliches Laboratorium
gewesen.« Genau dieses Herstellen von Laboratorien, in denen
Widerstände ausgelotet, bearbeitet, diese mit den Körpern der
Performer:innen konfrontiert werden, lässt sich als Methode
des *theatercombinat* erkennen. Es sind modellhafte Untersuchungen – *theatrale Recherchen* –, die Theater *überhaupt*, seine
Formen, Stoffe, Sprache(n), Bewegungen, Voraussetzungen, ak-
ribisch erforschen. Mit dieser Methode werden Arbeiten vom
theatercombinat – »einer Truppe von Schauspielern, Performern,
Tänzern, Sound- und Medienkünstlern, Architekten, Bildenden
Künstlern, Technikern und Theoretikern um die Regisseurin
Claudia Bosse« (nms) – entstehen, die das Theater auf ein Neues

und Anderes hin öffnen und in der Lage sind, die geschlossene Situation, den Stand der Dinge, die Institution selbst aus den Angeln zu heben. Aus radikaler Negation des Theaters – »vielleicht noch nicht einmal Spiel, eher schon ein Stück Leben, eine Haltung, ein Ritual« (ebd.) – entsteht dasjenige, was im letzten Wort von Hans Thies Lehmanns Probennotat gerade deshalb Theater heißt: »Kein Markt, kein Eintrittsgeld, kein Tausch, kein Applaus. Theater.«

THEATER DARF ES NICHT MEHR GEBEN!

> Im Schlafraum hing an einem Band von der Decke
> ein Kassettenrekorder, aus dem Elfriede Jelinek selbst
> den Text *Sinn egal. Körper zwecklos* sprach.
>
> *Claudia Bosse*

All das ließe sich aber auch ganz anders erzählen. Denn neben dem zu verfolgenden Faden der ersten Einsätze des *theatercombinat* lässt sich quasi zeitgleich auf das Leben und die Ausbildung von Claudia Bosse blicken. Selbst gibt sie drei entscheidende Momente für ihre künstlerische Entwicklung an: das Berlin der 1990er-Jahre, ihre erste Theatererfahrung jenseits der deutschen Stadt- und Staatstheater am Théâtre du Grütli in Genf und die Begegnung mit den Texten Elfriede Jelineks – oder vielmehr den Moment, als das Theater sich weigerte, Jelinek genauso ernst zu nehmen, wie es Claudia Bosse in ihrer ersten Inszenierung an einem solchen Haus zu tun gedachte.

Nach dem Fall der Mauer entstehen in Ost-Berlin überall Freiräume: ein Stadtzentrum voller Brachen, leerstehender Gebäude und ungeklärter Eigentumsverhältnisse – die alten Strukturen lösen sich auf, der Kapitalismus hat die Kontrolle noch nicht übernommen. Viele Häuser, teilweise ganze Straßenzüge sind besetzt, viele davon in Berlin-Mitte. Es entstehen Wohnprojekte, temporäre Clubs, Galerien, Ateliers und Hinterhofbühnen, eine auf Eigeninitiative und Selbstorganisation basierende Kunstszene erlebt einen ungeheuren Aufschwung und ermöglicht selbstbestimmte Lebensentwürfe. Hier spielt sich Claudia Bosses Leben seit Anfang der 1990er-Jahre ab, während sie zugleich an der renommierten Hochschule für Schauspielkunst Ernst Busch in Berlin Mitte Regie studiert.

Gelernt habe sie dort vor allem »eine gewisse Genauigkeit den Dingen gegenüber, mit denen man umgeht. Ich habe keine Angst vor großen Stoffen. Jedes Semester musste man ein Konzept einreichen und verteidigen. Nur wenn es durchging, bekam man ein Produktionsbudget und konnte inszenieren.« Früh lernt Claudia Bosse, die anderen von den eigenen Ideen zu überzeugen. Im zweiten Studienjahr bekommt sie ein Kind, sich die Gleichzeitigkeit von Arbeit, also künstlerischem Tun, und Mutterschaft überhaupt vorstellen zu können und zuzutrauen, hat viel mit ihren Erfahrungen in Ost-Berlin zu tun. Ein selbstverständliches Leben, das auch die Hochschule akzeptiert.

Als richtungsweisend erlebt Claudia Bosse ein Austauschprojekt mit dem Théâtre du Grütli in Genf. Denn in der Schweiz lernt sie die Strukturen eines anderen Theatersystems kennen: Das Produktionshaus nach französischem Modell ohne eigenes Ensemble ermöglicht es der jungen Regisseurin, ein produktionsbezogenes, interdisziplinäres künstlerisches Team aus freiberuflichen Tänzer:innen und Schauspieler:innen zu engagieren. Deren Motivation und die ihr entgegengebrachte Offenheit erfährt Bosse als äußerst produktiv für die Zusammenarbeit. Das Théâtre du Grütli lädt Claudia Bosse für eine Inszenierung der französischsprachigen Stückentwicklung *moi, maude ou la mal-vivante* (1996) in Zusammenarbeit mit der Autorin Sylviane Dupuis ein. Die Geschichte einer Elternmörderin ist der Ausgangspunkt für eine Untersuchung über den gesellschaftlichen Umgang mit Wahnsinn und Verbrechen. Die Inszenierung konfrontiert Zuschauende wie Produzierende gleichermaßen mit Prozessen gesellschaftlicher Veränderungen und versammelt alle in einem 250 m² großen, orange markierten Theaterstudio, um das Verhältnis zwischen Sprache und körperlichen Vorgängen zu erforschen und die geltenden Konventionen infrage zu stellen.

Diesen ersten künstlerischen Arbeiten und Auseinandersetzungen geht eine weitere Text- und Theater-Begegnung voraus, von der Claudia Bosse 2017 in einem Gespräch sagen wird: »Das hat meine ganze theatrale Entwicklung beeinflusst.« Im Anschluss an ihr Regie-Diplom erhielt sie ebenfalls 1996 die Einladung ans Staatstheater Mainz, »etwas Experimentelles« zu inszenieren. Sie entscheidet sich für Jelinek – und den gerade veröffentlichten, hochpolitischen Text *Stecken, Stab und Stangl. Eine Handarbeit.* Auch wenn die Texte der österreichischen Autorin Mitte der 1990er-Jahre nicht mehr als *unspielbar* gelten wie noch in den 1980er-Jahren, so sind sie nun zentraler Bestandteil einer kritischen Auseinandersetzung mit den herrschenden Praktiken im deutschsprachigen Gegenwartstheater. Jelineks komplexe, vielstimmige Sprachkunstwerke stellen sämtliche Theaterkonventionen, insbesondere das Verhältnis von Text und Inszenierung, aber auch die patriarchalen Strukturen der Institution, radikal infrage. Es gibt nur wenige, die früh die Brillanz und Wichtigkeit Jelineks für das Theater erkennen und ihren Texten attestieren, dass diese ihrer Zeit voraus seien. So insistiert Ulrike Haß 1987 in einem scharfsinnigen, die Autorin gegen alle Widerstände verteidigenden Aufsatz: »Diese Sprache ist ihre eigene Realität; sie spricht für sich selbst. Sie tut ihre Arbeit, indem sie gesprochen wird. Sie darf nicht zurückgebunden werden durch irgendeine Form der Interpretation.« Die ablehnende Haltung gegenüber Jelinek zeuge von den »peinlichen Verhältnissen« eines »hemmungslos konservativen« Theaters. Diesem wirft Haß vor, auch im ausgehenden 20. Jahrhundert dem Weltbild des Feudalismus verhaftet, mit seinen Methoden im mechanischen Zeitalter steckengeblieben zu sein und mit einem Subjektbegriff zu operieren, der ins 19. Jahrhundert gehört. Sie stellt klar: »Elfriede Jelineks Stücke sind Abrechnung mit dem Theater, indem sie ihm minutiös vorrechnet, was dieses verachtet (die analytische Anstrengung, den weiblichen Blick auf die Dinge zum Beispiel).«

Zum einen ist da also dieser Betrieb, von dem man nur dunkel ahnt, »welche Zeitmaschine sich da in Bewegung setzen muß, bevor Stücke von Frauen ans Theater gelangen« (ebd.), zum anderen sind da Jelineks Kommentare zum Theater, die den Apparat genauso scharf angreifen wie diejenigen, die diese Texte inszenieren sollen. Die prägnantesten Kommentartexte *Ich möchte seicht sein* (1983) und *Sinn egal. Körper zwecklos* (1997) sollten entscheidend werden für die Arbeit Claudia Bosses. Hier lässt sich sowohl Jelineks Verständnis von Sprache als auch ihre Abkehr von Rolle und Sinn nachvollziehen. Jelinek schlägt vor: »Bewegung und Stimme [...] nicht zusammenpassen [zu] lassen«; kritisiert Schauspieler:innen als Personen, die sich »vervielfältigen [lassen], ohne daß [sie] ein Risiko eingingen«; fordert: »Die Schauspieler SIND das Sprechen, sie sprechen nicht«, und verkündet: »Theater darf es nicht mehr geben.«

Mit dem Auftrag *etwas Experimentelles zu inszenieren*, weist Bosse alle Versuche des Theaters, Jelineks Text in etwas Konsumierbares zu überführen, zurück und möchte stattdessen *Stecken, Stab und Stangl* in seiner ganzen Dauer und Kompro-

commune 1-73, fragment 45, Düsseldorf, 2021

misslosigkeit zeigen. Die Idee, über die Auseinandersetzung mit Jelineks poetologischem Text *Sinn egal. Körper zwecklos* Grundlagen für eine chorische Spielweise zu legen, scheitert am Widerstand des Ensembles, das sich von den Texten Jelineks angegriffen fühlt. Die Konflikte lassen sich nicht ins Produktive wenden; ohne die Bereitschaft zum Experiment im Ensemble und mit fehlendem Rückhalt in der Theaterleitung beschließt sie, die Arbeit abzubrechen. Bosses Arbeit ist also durch zweierlei tief geprägt worden: von der Begegnung mit Jelineks Texten und ihrer Theaterkritik ebenso wie von der Unmöglichkeit, sich diese an einem Theater mit einem Ensemble zu erarbeiten. Diese nicht realisierte Inszenierung gibt den eigentlichen Impuls, außerhalb des institutionellen Theaters mit dem *theatercombinat* Ende 1996 einen eigenen Arbeitszusammenhang zu initiieren.

Welche Ansätze Bosse für die eigene künstlerische Praxis in der Auseinandersetzung mit jenem Material entwickeln kann, wird im Rahmen der explizit dem Experiment gewidmeten Theaterwerkstatt »reich & berühmt« in Berlin sichtbar. Die gemeinsam mit Dominika Duchnik, Heike Müller, Silke Rosenthal und als Gast Angelika Sauter erarbeitete »Jelinek-Aktion« erklärt die gesamte, einwöchige Dauer der Werkstatt zum Zeitraum einer theatralen Versuchsanordnung. In dieser Konstellation greift Bosse über das Aufgabengebiet der Theaterregie im engeren Sinne hinaus und stellt eigene Regeln auf, die die konventionellen Theaterverabredungen überschreiten. Ort, Zeit, Dauer, die Verhältnisse von Probenarbeit und Aufführung sowie zwischen Darsteller:innen und Zuschauer:innen – alle Parameter der theatertypischen Produktions- und Präsentationsmodi werden einer machtkritischen Revision unterzogen und ganz bewusst anders formatiert: Nachts arbeiten die Schauspieler:innen in offenen Proben mit den Jelinek-Texten, tagsüber schlafen sie in den ursprünglich als Büros genutzten Räumen im Podewil. Drei Veröffentlichungen, die jeweils um Mitternacht beginnen, erproben wechselnde Situationen und teilweise chorische Sprechakte, bei denen Innen- und Außenräume beziehungsweise die Straße vor dem Gebäude sowohl performativ als auch über eine Soundinstallation verknüpft werden. Die Zuschauer:innen sind eingeladen, sich in den unterschiedlichen Situationen körperlich zu positionieren und ausliegende Texte nach verabredeten Regeln zusammen zu lesen. »Ziel der Untersuchung war es«, so Claudia Bosse, »die etwaige Einheit von Körper und Sprache völlig aufzulösen, so dass sich weder körperliche Abläufe aus sprachlichen ergeben, noch umgekehrt.«

In der Auseinandersetzung mit Heiner Müller und Elfriede Jelinek werden erste Umrisse einer temporären, selbstbestimmten, nicht-institutionellen Praxis sichtbar, die von Bosse in den folgenden Jahren weiter erkundet und grundlegend erforscht wird. Das unbedingte Interesse an Theater als künstlerische Methode der Kritik und als systematische Kritik des Theaters unterscheidet sie von den meisten anderen Regisseur:innen ihrer Generation. Während der Arbeit am *Fatzer*-Material wird sie in einem Gespräch mit Christine Standfest – einer langjährigen künstlerischen Weggefährtin – sagen: »Regie, wie ich das gelernt habe, da habe ich nichts mehr mit zu tun.«

THEATER DER KOMBINATORIK

»*1998* fatzer-fragment *brecht – 4 monate + 18 präsentationen, schweizer erstaufführung, théâtre du grütli, genf (ch).*« – Im Raum wie im Material zeigt sich die ganze Radikalität des Vorhabens. *Fatzer*, das sind mehr als 500 Seiten Notizen, Listen, brüchige Monologe und abgebrochene Dialoge, Entwürfe, unfertige Gedanken, Szenentitel, Chöre und Gegenchöre, Thesen und Antithesen; ein nur schwer zu überschauendes Material, das Fragment geblieben ist. Das *Fatzer*-Fragment. Brecht hatte zwischen 1926 und 1933 am *Fatzer* gearbeitet, einem Konvolut, das thematisch um vier Deserteure im Ersten Weltkrieg kreist, die mit der Ordnung des Krieges brechen und auf eine Revolution warten, die niemals eintritt, ausbleibt.

Claudia Bosse unternimmt mit der Schweizer Erstaufführung das erste Mal den Versuch, das Spezifische des Fragments ernst zu nehmen, nicht die Bühnenfassung von Heiner Müller zu verwenden, sondern das Fragment selbst auf die Bühne zu bringen, dabei keinerlei Hierarchisierungen zwischen Entwürfen, szeni-

the last IDEAL PARADISE, Jakarta, 2020

schen Texten, Kommentaren und Poetischem vorzunehmen, stattdessen Brüche, Lücken, Risse, Ränder, Löcher offenzulassen und diese in ihrer Unverständlichkeit im Raum auszubreiten. In Genf verlangt diese Unternehmung zugleich die Übersetzung des Fragments ins Französische; alles in allem ein wahnsinniges Vorhaben. Der zersprengte Text überträgt sich als offene Anordnung in das Théâtre du Grütli. Der Raum besticht durch Reduktion und einen entscheidenden Eingriff (*mise en espace*: Josef Szeiler): Das Theater wird als Skelett seiner Architektur sichtbar, die Tribüne ist abgebaut, der Abgrund zwischen Zuschauerraum und Bühne aufgehoben, das Theater, die Bühne, ein kahler weiter Raum, nackt, schwarz, leer; alle Türen, Fenster offen, Räume, Gänge, Nebenräume zugänglich – als gemeinschaftlich geteilte Fläche für Spieler:innen und Zuschauer:innen im Arbeitslicht. Das Theater ist in seiner Funktion offengelegt: *Architektur ohne*

Dekoration. Theater ohne Illusion. Auf dem gesamten Boden stehen in großen Lettern und knallgrüner Farbe Teile des Textes, zu ihnen gesellen sich farbgleiche, mobile Hocker zum kurzzeitigen Verweilen. Nie können die Zuschauer:innen den Text oder das Geschehen überblicken, immer müssen sie sich bewegen, um die Vorgänge zu lesen, zu sehen, zu hören – manchmal spannen sich die Dialoge über dreißig Meter auf.

In der Auseinandersetzung mit Brechts *Fatzer*-Fragment schärft sich Claudia Bosses Methode der Arbeit *am* Theater. Als sie im Brecht-Archiv auf das Original des *Fatzer*-Materials stößt, ist sie »baff über dieses [...] Fragment und völlig zerstört. Verstört und fasziniert und völlig angezogen« – vom Schaffens- und Schreibprozess Brechts wie von der Unverständlichkeit des Materials. Brecht hatte 1932 vor dem Hintergrund der sich ankündigenden Machtergreifung durch die Nationalsozialisten vorgeschlagen: »Das ganze Stück, *da ja unmöglich*, einfach zerschmeißen für Experiment, ohne Realität! Zur ›Selbstverständigung‹«; eben dies dient nun Claudia Bosse zur Verständigung über Mittel, Spielprinzipien und Arbeitsweisen. Die wichtigste Frage: Wie szenisch auf das Fragment reagieren? Wie den Wechsel der Ordnungen, sich immer wiederholende Abbrüche und Neuanfänge existieren lassen und diese als Spielanordnung begreifen?

Wesentlich für Bosses Ansatz ist, dass sie ein in den Text eingeschriebenes Denken des Chores stark macht. So öffnet sie den Text hin zur Materialität der Sprache und seiner Vielstimmigkeit: eine Gemeinschaft, die sich durch ihre Instabilität auszeichnet, und ein Chor, der sich stets im Modus einer Aushandlung wiederfindet. Entscheidend ist zudem, dass alle Spieler:innen – Maya Bösch, Pascal Francfort, Camille Giacobino, Sandra Heyn, Mathieu Loth, Anne Marchand, Heike Müller, Renaud Serraz, Fabienne Schnorf, Christine Standfest – das gesamte Textmaterial in seiner rhythmischen Struktur beherrschen – so dass jederzeit auf Zuruf einzelner Spieler:innen oder von Bosse der Ablauf unterbrochen und an anderer Stelle fortgesetzt werden kann. In der Arbeit mit dem *Fatzer*-Fragment kristallisiert sich so eine Methode heraus, die die Praxis des *theatercombinat* als Kombinatorik von Potentialen und Mitteln beschreibbar macht. Bertrand Tappolet wird diese in einer umfassenden Kritik im französischen Theatermagazin *Théâtre/Public* auf den Begriff »VERS UN THÉÂTRE COMBINATOIRE« bringen – und damit das *combinat* nicht nur als immer wieder sich verschiebenden künstlerischen Zusammenschluss lesen, sondern dessen Idee etymologisch zu einer ästhetischen Praxis des Kombinierens öffnen.

Zugleich bringen jeder Abbruch und jeder Neuanfang die Spieler:innen – das ganze Konstrukt der Aufführung – permanent in Gefahr; verhindern, dass sich auf der Spielfläche etwas findet, zusammenkommt, als eins aufgeht. Vielmehr entstehen szenische Vorgänge, die Sprache, Körper, Raum immer wieder verdichten und zerstreuen, überschneiden, aber auch die Brüche und Leerstellen halten, aushalten, das Geschehen erneut anstoßen und weitertreiben. Nie wird das ganze Material verlautbart, immer wird etwas nicht gezeigt – jeden Abend findet etwas anderes statt. Es ist der Versuch, schreibt Christine Standfest, »die Darstellung des Fragmentarischen [...] in die Arbeitsweise selbst ein[zu]lassen« und das Unkalkulierbare willkommen zu heißen. Mit ihm zeigt sich an 18 Abenden mehr als eine Aufführung – oder nichts mehr, was einer Aufführung angehört.

Das Fragment als Fragment in seiner A-Grammatikalität ernst zu nehmen und diese in den Gestus des Sprechens zu übertragen, wird Bosses Umgang mit Sprache entscheidend prägen. Die Frage lautet: Wie lassen sich das Körperliche des Sprechens und die diskontinuierliche Schreibweise des Fragments zueinander ins Verhältnis setzen? Gewissermaßen agiert sie als Regisseurin im Nichtverstehen. In der fremden Sprache des Französischen entwickelt sie eine besondere Sensibilität für die Notationen des Fragments, für die Brüchigkeit der Worte, die Atemlosigkeit des eilig Notierten und die sprachlichen Zwischenräume einer möglichen Bedeutung. Der Text erschließt sich für sie über die Praxis des Sprechens, des Aussprechens; Wort für Wort erzeugt das Sprechen der Tänzer:innen und Schauspieler:innen kein einfach zu konsumierendes Wissen, als dass vielmehr das Sprechen im Sprechen selbst insistiert, das Unständliche wiederholt, teilt, mitteilt. Dieses Mit-teilen richtet sich im *fatzer-fragment* an alle im Raum: »[…] damit / Ihr entscheiden sollt / Durch das Sprechen der Wörter und / Das Anhören der Chöre / Was eigentlich los war, denn / Wir waren uneinig.« Raum und Inszenierung öffnen das Theater hin zu einem Unbekannten der Sprache und des Denkens. Oder, um es mit Heiner Müller zu sagen: »Die Sprache [im *Fatzer*] formuliert nicht Denkresultate, sondern skandiert den Denkprozess.«

EINE EINLADUNG IN EINE ANDERE ZEITFORM

»Was eigentlich los war?«, hatte Hans-Thies Lehmann über *massakermykene* notiert: »Ein Halbdutzend Menschen. Ein gewaltiger Raum. Eine lange Zeit, eineinhalb Jahre plus 36 Stunden. Brecht, Aischylos. Und Gäste. […] Stimmen, gestische Improvisationen, Pausen, Leer-Zeit. Ein Angebot, *dazusein*.«
»Theater – oder was es auch sein mag.« – Dem gewaltigen Vorhaben, Brechts *Fatzer*-Fragment mit Aischylos' *Orestie* zu

konfrontieren, geht eine wichtige Begegnung voraus: Während eines Engagements am Berliner Ensemble 1995 hatte Claudia Bosse den für seine experimentellen Arbeiten mit dem Theater Angelus Novus bekannten österreichischen Regisseur Josef Szeiler kennengelernt. Gemeinsam erproben sie für eine kurze Zeit eine Neudefinition des Gegenwartstheaters. Hatte Szeiler in Genf im Grütli schon den Raum bereitet, zeichnen Bosse und Szeiler nun gemeinsam das für den Theaterbetrieb kaum Vorstellbare: *massakermykene*. Das Verbindende bringt Szeiler auf den Punkt: »... dass man das Theater verändern muss. Das ist der Ausgangspunkt.«

massakermykene spannt nicht nur Aischylos' *Orestie* mit Brechts *Fatzer*-Fragment – über die verschiedenen Chöre und Chormodelle sowie die gesellschaftlichen Übergangszeiten – zusammen, sondern entsetzt die im Theater geltenden Verabredungen über Zeit, Raum und Begegnung. Das für dieses Vorhaben in Wien neu formierte *theatercombinat* okkupiert zwei Jahre ein Gelände, das in seinem Ausmaß und seiner Brutalität nicht zu überblicken ist, den ehemaligen Schlachthof in St. Marx, und unternimmt eine kaum zu beschreibende künstlerische, körperliche Erforschung der beiden Texte: Wie lassen sich die unterschiedlichen Textstrukturen überhaupt erst einmal denken – und zwar mit dem eigenen Körper? Wie lässt sich dieses Denken in einen Rhythmus übersetzen, wie dieses Material als körperlichen Vorgang sprechen, aussprechen? Es war »ein nicht wiederholbarer Prozess«, wird Claudia Bosse 22 Jahre später sagen. Doch wie soll man sich jenen Moment, »in dem alles verschwunden war, was Theater sonst zusammenhält«, wie Nikolaus Müller-Schöll schreibt, vorstellen? Ein Probenprozess über 730 Tage – bei Eiseskälte oder unbändiger Hitze an einem Ort, der in seiner Betonhaftigkeit jeglicher Behaglichkeit wie auch Funktionalität entbehrt, mit wiederkehrenden *Veröffentli-*

THYESTES BRÜDER! KAPITAL, Wien, 2019

chungen, die mal kurz oder lang, oft zehn und am Ende 36 Stunden dauerten –, ohne etwas Fertiges zu zeigen. Markus Keim, Andreas Pronegg, Christine Standfest, Doreen Uhlig, Kristina Zoufaly und Maya Bösch spielten, sprachen, waren mit ihren Körpern anwesend, schenkten den Zuschauer:innen Positionierungen, einen aufgespannten Raum, Chorgesänge, Spielanordnungen, diese Texte: ausgesprochen – und Zeit. Zusammen – als nicht voneinander weichende Gemeinschaft – erzeugten, erfanden sie in jenen zwei Jahren plus 36 Stunden einen gemeinsamen Erfahrungsraum für Zuschauer:innen und Performer:innen, »ein Kraftfeld aus Raum und Dauer, Gesten, Sprechen, Schweigen. Begegnungen«: »Theater« (htl).

Wie dieses wahnwitzige Vorhaben als *Aufführung* dennoch gelingen konnte, fragt sich die *Frankfurter Rundschau* und glaubt: »Sie müssen gesehen haben, wie [der Raum] tanzt.«

II.

»ALLES MÖGLICH« ALS KÜNSTLERISCHE METHODE

Ging es im ersten Teil dieses Textes darum freizulegen, worauf sich die künstlerische Arbeit von Claudia Bosse bezieht, auf welche Erfahrungen, Lektüren, Begegnungen sowie auf ein grundsätzliches Infragestellen dessen, was überhaupt *Theater* zu sein vermag, so wird der zweite Teil versuchen, schlaglichtartig entlang von Methoden, Motiven und einigen beispielhaften Inszenierungen aufzufächern, was Claudia Bosses künstlerische Praxis als singulär auszeichnet. Gerade die Verneinung eines schon bekannten Theaters eröffnet die Möglichkeit für ein Arbeiten auf einem Feld, auf dem grundsätzlich erst einmal *alles möglich* ist oder in der Geste der Verneinung immer erst möglich wird. In eben jener Geste entsteht ein unendlich offener Raum, sich Dingen, Methoden und Themen zuzuwenden, die das Theater von seinen Grenzen her befragen. Dieser Hinwendung eingeschrieben bleibt eine ästhetische Praxis des Kombinierens und Konfrontierens unterschiedlicher Materialien und Positionen.

Dabei ist das *theatercombinat* entgegen einer möglichen Lesart des Wortes *combinat* kein Kollektiv, stattdessen ein von Claudia Bosse durch die Zeiten jonglierter Zusammenhang, der ein anderes – *unabhängiges* – künstlerisches Arbeiten und Produzieren zuallererst möglich macht, ein *combinat*, das sich den Normen des Theatermachens zu entziehen, sich von den Zwängen des Betriebes zu befreien sucht und an einem Gelingen anderer Art arbeitet. Es wäre verkehrt zu glauben, dass ein solches Arbeiten und ein Sich-Wenden gegen die aufgetragenen Bedingungen nicht eigene Schwierigkeiten, Verwerfungen und nicht zuletzt radikale Unsicherheit im Leben aller Beteiligten produziert.

Am Gelingen anderer Art sind über die letzten 25 Jahre viele Menschen beteiligt: der Komponist und Soundkünstler Günther Auer, der es zusammen mit Claudia Bosse versteht, die Räume, in denen sie arbeiten, zu lesen und in klingende Environments zu verwandeln; der technische Leiter, Bühnenbauer und Alleskönner Marco Tölzer, als Dramaturgin und Performerin Christine Standfest sowie wechselnde, prägende Mitarbeiteri:nnen wie Margot Wehinger, Anna Etteldorf, Gerald Singer und Alexander Schellow. Allen voran Schauspieler:innen und Performer:innen wie Markus Keim, Andreas Pronegg, Doris Uhlich, Véronique Alain, Alexandra Sommerfeld, Florian Tröbinger, Nora Steinig, Tara Silverthorn, Yoshie Maruoka, Rotraud Kern, Nathalie Rozanes, Elisabeth Ward und Ilse Urbanek – mit denen man selbst manchmal erst begriff, was es heißt, Texte als gesprochene Sprache zu hören, (sich) mit dem eigenen Körper ihrer Anwesenheit auszusetzen. Sie zusammen – in wechselnden Konstellationen – waren und sind als *theatercombinat* in Wien und überall sonst einer Unbestimmtheit und radikalen Offenheit verpflichtet, die jede Ordnung herausfordert – nicht zuletzt, um uns Zuschauende zu etwas Besonderem einzuladen: *Theater – oder was es auch sein mag.*

TANZENDE RÄUME

Sie müssen gesehen haben, wie der Raum tanzt. Diese auf einen emphatischen Gebrauch des Raumes verweisende Beschreibung legt gleichzeitig ein choreografisches Verhältnis zum Raum nahe. Tatsächlich zielt Claudia Bosses Praxis darauf, die Architekturen zu Mitautoren ihrer künstlerischen Produktion

168 stunden (a tribute to everyday life and franz erhard walther), Wien, 2018

zu machen, sie in einem Akt der temporären, öffentlichen Aneignung entgegen der ihnen ursprünglich zugewiesenen Funktion einem gänzlich neuartigen, freien Gebrauch zuzuführen und in diesem Akt ein ungeahntes Potential an Imagination freizusetzen. Zu erleben – um nur eine von vielen prägnanten Szenografien herauszugreifen – bei *the last IDEAL PARADISE* (2016): Die ehemalige Postverladestelle hinter dem Düsseldorfer Hauptbahnhof, ein 7500 Quadratmeter großer, leergezogener Hallenkomplex, in dem mit der Bahn angelieferte Pakete nach Postleitzahlen sortiert und für die Zustellung auf LKWs verladen wurden. Von kleineren holzvertäfelten oder verklinkerten Büroräumen mit niedrigen Decken über Räume mit abgehängten, über Treppen zu erreichenden Emporen bis hin zu einer gigantischen Halle mit dunklem Steinboden, weißen Betonsäulen, von Holzvertäfelung unterbrochenen großen

Fensterzeilen – eher funktionaler Palast als Fabrik, an dessen Gliederung die unterschiedlichen Nutzungen wie Verwaltung, Sortierung, Codierung, Lagerung, Transport etc. abzulesen sind. Er bietet Raum für Passagen, Prozessionen und unterschiedliche Formen der Versammlung: Durch eine kleinteilige, sich labyrinthartig über mehrere Räume ziehende Soundinstallation mit Fotos, Objekten und Artefakten gelangen die Besucher:innen in eine Art Abfertigungshalle. Hoch oben auf einer verglasten Brücke steht ihnen der Chor aus Akteur:innen der Düsseldorfer Stadtgesellschaft gegenüber und blickt auf die Eintreffenden herab. Schwere Atemgeräusche erfüllen den Raum, Alexandra Sommerfeld spricht einen Text aus der Apokalypse des Johannes, Ilse Urbanek zieht einen kleinen Karren auf die sich vor den Besucher:innen öffnende Fläche, wo Rotraud Kern, Florian Tröbinger und Léonard Bertholet maskiert und in silbernen Ganzkörper-Anzügen das Terrain mit weit ausholenden Schritten erkunden, als wären sie auf einem unbewohnbaren Planeten. Elemente vorausgegangener, an unterschiedlichen Orten durchgeführter Recherchen und Performances werden hier zusammengefügt zum Abschluss des *(katastrophen 11/15)-ideal-paradise*-Zyklus. Sie bringen eine Geschichte von Orten mit, die hier neu komponiert und mit weiteren, ortsspezifischen Kontexten und Energien konfrontiert und aufgeladen werden. Wie der Raum, so werden auch die Zuschauer:innen zu Mitakteur:innen, finden sich mal als Teilnehmer:innen einer Prozession, die angeführt von Alexander Sommerfeld in einen finsteren Gang mündet, mal zu einer Versammlung in einem Geviert aus Absperrgittern zusammengedrängt, mal in der größten Halle einem Sprechchor gegenüberstehend, der ihnen aus mehreren hundert Metern Entfernung entgegenkommt, um sich schließlich in intimen Begegnungen den autofiktionalen Erzählungen einzelner Darsteller:innen anzunähern. Eingeladen zur Tanzplattform 2018 in Essen und 2020 nach Jakarta erlebte *the last IDEAL PARADISE* jeweils spezifische, räumliche Transformationen und Neu-Kontextualisierungen.

»Ich kann meine künstlerische Arbeit ohne Raum nicht denken«, sagt Claudia Bosse. Häufig steht die Begegnung mit einem besonderen Raum am Beginn einer Inszenierung. Sie interessieren Räume, in denen Spuren eines Gebrauchs sichtbar sind: die Geschichte politischer und ökonomischer Umbrüche wie auch einer wechselvollen Stadtentwicklung, die sich in den Dynamiken von Leerstand, Abriss, Um- und Neubau ablesen lässt, Zeichen von Umnutzung oder auch Zerstörung. In ihrer Lesbarkeit werden sie zur Reibungsfläche, mit der eine performative oder choreografische Intervention in Auseinandersetzung treten kann, so dass sich durch die temporäre Nutzung im künstlerischen Prozess ein kollektives Gedächtnis (von der ursprünglichen Nutzung) aktivieren und ein andersartiger, gegenwärtiger Gebrauch einschreiben lässt. Konzepte und Inszenierungen entstehen im Dialog mit Architekturen oder nehmen sie zum Ausgangspunkt für theatrale Untersuchungen. So machen Claudia Bosses Arbeiten Raum als Medium erfahrbar, dessen Form die Art unseres Zusammenlebens prägt, und als Möglichkeit, um einen bestimmten, so nicht vorgesehenen Zusammenhang von Ereignissen und Situationen herzustellen. Auch deshalb bleiben Arbeiten, die für institutionell gerahmte Theaterräume entstehen, die Ausnahme.

Die Vorstellung, dass Raum in sozialer Interaktion permanent hergestellt und ausagiert werden muss und nicht einfach als gebaute Architektur oder leere Hülle existiert, geht auf den französischen Philosophen Henri Lefebvre (»Production of Space«, »Recht auf Stadt«) zurück. Im Sinne dieser Raumsoziologie versammelt das *theatercombinat* mit *firma raumforschung* (2004) Stadtforscher:innen, -aktivist:innen, Architekt:innen und weitere

Theoretiker:innen aus Kunst und Politik für einen viermonatigen Salon in einem leerstehenden Ladenlokal und setzt sich mit *palais donaustadt* (2005) auf einer Brachfläche von rund 10 000 Quadratmetern den Raumpraktiken eines städtischen Planungsgebiets aus. Über vier Wochen wird ein experimenteller Kunstraum installiert, der sich in einem umfangreichen Diskurs-, Performance-, Film- und Musik-Programm sowohl mit der Funktionalität und Effizienz der umgebenden Architektur als auch mit der Geschichte des Areals sowie den stadtplanerischen Entwürfen konfrontiert.

Für viele Jahre zieht das *theatercombinat* als nomadisierende Künstler:innen-Gruppe durch die Wiener Bezirke und errichtet mit jeder neuen Produktion immer wieder eigene Infrastrukturen, die Leerstände und Brachen für eine temporäre künstlerische und kulturelle Nutzung erschließen. Ob die Hallen des ehemaligen Straßenbahn-Betriebsbahnhofs Breitensee, die mit ihren Gräben und einer Art Unterbühne auf mehreren Ebenen eine Spielfläche und eine beeindruckende Akustik für den steppenden Chor in *coriolan* (2007) boten, die ehemalige Zollamtskantine mit ihren leuchtend roten Kacheln im Ausschankbereich, der weiß gefliesten Küche und einer großen Fensterfront mit Blick über die Stadt in *designed desires* (2012) oder das mächtige Kartographische Institut, dessen weitläufige Hallen für *vampires of the 21st century oder was also tun?* (2010) mit blauen Samtvorhängen ausgekleidet waren und das für *dominant powers – landschaften des unbehagens* (2011) auf einer der oberen Etagen für eine multimediale Installation genutzt wurde – die historischen Architekturen werden zu unverzichtbaren Mitspielern, fügen durch die Spuren ihrer ehemaligen Nutzung und die ihnen eingeschriebene Geschichte einen eigenen Kommentar hinzu, rhythmisieren durch ihre räumliche Struktur oder wirken in ihrer Weitläufigkeit wie Landschaften. Die künstlerisch-räumliche ist zugleich eine urban-politische

Praxis, die sich den Dynamiken des post-industriellen Stadtumbaus entgegenstellt, indem sie sich Räume für einen gemeinschaftlichen, öffentlichen Gebrauch modellhaft aneignet, bevor sie der Inwertsetzung durch den Immobilien-Kapitalismus zugeführt oder abgerissen werden. Sie ist die Basis für eine in hohem Maße selbstbestimmte, wenn auch prekäre Ökonomie der Kunstproduktion, mit der das *theatercombinat* das Verhältnis von Stadt und Theater auf eigene Weise zur Disposition stellt.

In einer ihrer jüngsten Arbeiten, *the assembly of different beings* (2022), verwandelt Claudia Bosse das Foyer der gerade erst in Betrieb genommenen neuen Spielstätte des FFT (Forum Freies Theater) am Düsseldorfer Hauptbahnhof in eine Landschaft. Tonnenweise unterschiedliche Sorten Sand und Erde werden herangekarrt, um eine riesige innerstädtische Brache im verkleinerten Maßstab nachzubilden, die sich nur ein paar hundert Meter vom Theater entfernt als offene Wunde im Stadtraum zeigt. Die Rauminstallation verweist auf Vorgänge eines Stadtumbaus, in dessen Zuge Investoren immer mehr Einfluss auf Stadtentwicklungsprozesse nehmen. So lange schon verzögert sich der Baubeginn, dass sich sowohl Flora und Fauna längst die Brachfläche zurückerobert haben als auch etwa 60 Menschen, die sich dort improvisierte Unterkünfte eingerichtet haben. In dieses Biotop intervenierte Claudia Bosse zuvor über mehrere Wochen mit einer Gruppe von Performer:innen und Kompliz:innen mit Praktiken der Erkundung, Ko-Habitation und Choreografie. Intervention wie Installation sind Teil von *commune 1-73* (2021/2022), einer Serie von Fragmenten in Auseinandersetzung mit dem Aufstand und der Gedankenwelt der Pariser Kommune von 1871 – als Annäherung und Entfernung von der Pariser Kommune, als Begehren, die Kommune, um nicht- oder mehr-als-menschliche Kommunard:innen zu erweitern. Die aufgeschüttete Landschaft im Foyer trifft in einer

Günther Auer und Claudia Bosse, Indonesien, 2019

begehbaren multimedialen Installation auf Videoaufnahmen aus archaischen, felsigen Uferlandschaften, die Claudia Bosse und Günther Auer auf einer griechischen Insel gefilmt haben. In ihr bewegen sich die Performer:innen Mariana Senne, Mun Wai Lee, Véronique Alain, Brigitta Schirdewahn und Eric Androa Mindre Kolo. Wortlos betrachten sie die in der Landschaft zu findenden Spuren, Knochen, Pflanzenteile, werden zu einer Kommune der Geister, die all die unterschiedlichen historischen Zeitalter und Zeiten, die gleichzeitig anwesend sind, miteinander in Berührung bringen. – Zugleich erinnert diese installative Landschaft an den oben erwähnten Aufführungsort von *the last IDEAL PARADISE*: Dort, wo jetzt die riesige Baugrube klafft, befand sich die Postverladestelle, deren Abriss nun den Zugang zu tiefer liegenden Bodenschichten wie auf einer archäologischen Ausgrabungsstätte eröffnet.

IM KÖRPER DES CHORES

Von frühen Arbeiten wie *mauser* (1997) und *fatzer-fragment* (1998) über den Zyklus der *tragödienproduzenten* (2006–2009) bis zu *ORACLE and SACRIFICE in the woods* (2022) erkundet Claudia Bosse nun schon seit mehr als zwanzig Jahren die gesellschaftsbildenden Kräfte des Chores in unterschiedlichen räumlichen und politischen Kontexten. Dabei ist der Chor eine Figur, die sich nur schwer greifen lässt. Zusammengesetzt aus verschiedenen Körpern, bildet er eine heterogene Gemeinschaft, die ihre Handlungen und vielstimmigen Artikulationen selbst organisiert, als Aushandlung im Moment. Das Potential dieser Figur – deren Herkunft sich nicht genau belegen lässt, älter als die Stadt, älter als das Theater, der Landschaft zugeschrieben – ergreift Claudia Bosse, um Möglichkeitsformen des Gegenwartstheaters auszuloten. In ihren chorischen Arbeiten teilen sich Zuschauer:innen und Chormitglieder einen Raum der aktiven Kopräsenz und der wechselseitigen Beziehung, die jede:n Einzelne:n für alle anderen sichtbar und anwesend macht und dazu einlädt, aufeinander zu reagieren und sich zueinander zu positionieren. Dabei reflektieren die Chöre den Akt des Sprechens selbst, das Klangwerden von Sprache als körperlichen Vorgang. In der Auseinandersetzung von Text und Körper verschieben oder verwerfen die eigensinnigen Körper des Chores den Sinn des Textes zugunsten eines gemeinsamen Rhythmus, in dem etwas anderes hörbar wird.

Um die politische Dimension dieser kollektiven Hervorbringung eines Handlungsraums zu beschreiben, beruft sich Claudia Bosse wiederholt auf Judith Butler. Die Philosophin spricht vor dem Hintergrund der Massendemonstrationen und Platzbesetzungen 2011 in Kairo und anderswo in ihrem Aufsatz »Körper in Bewegung und die Politik der Straße« mit Bezug auf Hannah Arendt von einem »Erscheinungsraum« als notwendige Voraussetzung für jegliches gemeinschaftliche, politische Handeln: »Nicht etwa ein Körper begründet diesen Erscheinungsraum, sondern: Dieses Handeln, diese performative Ausübung findet nur ›zwischen‹ Körpern statt, in einem Raum, der den Abstand zwischen meinem eigenen Körper und dem anderer darstellt. Auf diese Weise agiert mein Körper nicht allein, wenn er politisch aktiv ist. Die Aktion entspringt aus dem ›Zwischen‹. Für Hannah Arendt ist der Körper nicht primär im Raum lokalisiert; er bringt zusammen mit anderen einen neuen Raum hervor.«

Sich als Zuschauende:r, als eine:r von Vielen inmitten eines unüberschaubar großen Chor-Körpers wiederzufinden, ist eine immer wieder herausfordernde Erfahrung. Teilzuhaben an einem vielstimmigen, einen gemeinsamen Atem und Rhythmus suchenden Sprechen und dabei mit dem eigenen Körper zum Resonanzraum für den Schmerz und die Klage des Chores zu werden, wie in Claudia Bosses Inszenierung *les perses* (2006) von Aischylos am Théâtre du Grütli in Genf, erfordert eine andere Art des Zuhörens als das »auf den Sinn« eines Satzes gerichtete, nachvollziehende Verstehen-Wollen.

Für diese Inszenierung entwickelt Claudia Bosse das Konzept eines Bürger:innen-Chors. In Anlehnung an den »Rat der 500« und die in der Antike jährlich durchgeführten Chorwettkämpfe mit 500 Teilnehmern entsteht die Idee zu einem »Chor der 500«, der die städtische Demokratie zum Thema macht. Dem öffentlichen Aufruf des Theaters folgen 180 Genfer:innen. Über einen Zeitraum von drei Monaten erarbeiten sie anhand einer Textpartitur, die unterschiedliche Tonhöhen und Dynamiken vorgibt, und unter Anleitung von zuvor als Chorführer:innen instruierten Schauspieler:innen die umfangreichen Chorpassagen.

EXPLOSION DER STILLE, Wien, 2017

Aischylos' Tragödie liegt eine bemerkenswerte Konstruktion zugrunde: Sie verhandelt die Niederlage der persischen Flotte in der Schlacht bei Salamis als Sieg der attischen Polis über das riesige, von einem Gottkönig beherrschte Perserreich aus Sicht der Perser. Der Chor empfängt den Botenbericht von der Überlegenheit der Griechen, denen, bis auf den Perserkönig Xerxes, keiner lebend entkommt. »*Die Perser*«, sagt Claudia Bosse 2019 im Interview mit Michael Franz Woels, »ist eigentlich das erste europäische Dokument des ›Othering‹, und zwar in Form eines Theatertextes. Die Griechen spielen die Perser und führen das in Athen auf [...] in den Ruinen, acht Jahre nach den Kriegen mit den Persern.«

Im Theatersaal treffen rund 100 Zuschauer:innen auf etwa doppelt so viele Chormitglieder: Ein Teil der Choreut:innen hat sich entlang der Wände bereits aufgestellt, anschließend füllt sich der Saal nach und nach mit vielen weiteren Chor-Gruppen, die zügig durch die Menge schreitend die verabredeten Positionen im Raum einnehmen, bis schließlich der Raum mit Menschen dicht gefüllt ist. So befinden sich die Zuschauer:innen inmitten des sprechenden Chores in einem Klangraum und werden durch die sich immer wieder neu aufstellenden Körper des Chores auf unterschiedliche Weise akustisch berührt. Dem Blick bieten sich Ausschnitte des Raumgeschehens sowie die Möglichkeit, andere Zuschauer:innen oder die Choreut:innen zu betrachten.

Während Christine Standfest (beteiligt als Darstellerin des »Schatten des Dareios«) in einem Essay über den Arbeits- und Probenprozess die Hingabe auf Seiten der Choreut:innen hervorhebt, die notwendig sei, um die »physische, mentale und emotionale Kraft und Kondition für eine Präsenz zu trainieren, die jede kollektive oder chorische Arbeit erfordert, wenn sie sich nicht einfach der Autorität eines Schon-Gewussten fügt«, so verlangt das aktive Zuhören auf Seiten des Publikums ebenfalls einen körperlich-mentalen Einsatz, um sich vom *Kraftfeld Chor* affizieren zu lassen. Dieses Im-Chor-Sein lässt sich nicht repräsentieren, sondern nur unmittelbar erfahren.

Die Inszenierung in Genf führt zu einer Einladung des Festivals Theaterformen 2008, in Braunschweig ein weiteres Mal *Die Perser* mit einem Bürger:innen-Chor zu erarbeiten, an dem sich 340 Braunschweiger:innen beteiligen. Sich »mit Untiefen der deutschen Geschichte zu konfrontieren« und »einen Aneignungsprozess zu initiieren mit Menschen aus der Gegend, aus der ich komme, um dann mit einem Bürger:innen-Chor die Bühne des Theaters zu besetzen, auf der ich das erste Mal Theater sah«, beschreibt Claudia Bosse ihre Motivation. Es geht um »Sprache als Waffe, als Instrument von Ideologie, wie wir es in seiner politischen Gewalt in den heutigen Medien kaum mehr bewusst wahrnehmen.«

Eine Art stadtinterventionistisches Pendant zum körperlichen Begegnungsraum des *Perser*-Chores bot das Chormodell, das Claudia Bosse für *bambiland 08* (2008) entwickelte: Ein medientechnisch verstärkter, mobiler Chor suchte die Auseinandersetzung zwischen Text, Chor und Stadtraum in der Wiener Innenstadt. In einer Überschreibung von Aischylos' *Persern* mit Texten »aus den Medien« analysiert Elfriede Jelinek in ihrem Stück *Bambiland* die Inszenierungsstrategien der Kriegspropaganda im US-amerikanischen Angriffskrieg auf den Irak 2003, vom *embedded journalism* bis hin zu den Bildern der Folterszenen aus dem Gefängnis in Abu-Ghuraib.

Mit der Schauspielerin Anne Bennent entsteht im Tonstudio eine Textkomposition, die die Schauspielerin mithilfe von *Overdubbing* mit sich selbst im Chor sprechen lässt. Diese synthetische, vielstimmige Komposition wird dem klassischen Chor entsprechend mittels zwölf Soundobjekten, die mit Simon Häfele und dem Elektroakustiker Wolfgang Musil entwickelt wurden, in den Stadtraum übertragen. »Diese zwölf Objekte«, so Bosse, »gab es in zweifacher Ausführung: als gerichtete Parabol-Lautsprecher auf Gepäckwagen, die einen intimen Klang gebündelt weit in den Stadtraum übertragen können, und als auf Fahrradhelme montierte Kopfmegaphone, die als politisch verstandene Klangcharakteristik auf den Köpfen stummer Performer:innen blechern und weiträumig abstrahlten.«

Derart technisch ausgestattet zieht der Chor zusammen mit den beteiligten Zuschauer:innen, die Grenzen zwischen künstlerischer Intervention und politischer Demonstration auflösend, durch die Straßen Wiens und positioniert sich auf Plätzen für unterschiedliche Architekturen und räumliche Konstellationen immer wieder neu: auf dem Schwarzenbergplatz mit dem Heldendenkmal der Roten Armee, an einem Flakturm aus dem Zweiten Weltkrieg, in einer Hochhaussiedlung, aber auch als

Intervention bei einer Heeresschau auf dem Burgplatz. Im Auftreffen der Jelinekschen Kriegsberichterstattungs-Reflexionen im konkreten Stadtraum artikuliert die Produktion Fragen nach politischen Handlungsräumen, die sich gegen die machtvollen Verstrickungen politisch-medialer Öffentlichkeiten zu behaupten suchen.

POLITISCHE HYBRIDE – STIMMEN – ARCHIVE

Was also tun? Diese Frage eröffnet den Zyklus *politische hybride* (2010–2020). »Was tun nach der Orgie?«, was tun nach der »Befreiung in allen Bereichen«, nach der »Orgie des Realen, des Rationalen, des Sexuellen, des Kritischen und Antikritischen, des Wachstums und der Wachstumskrise«? So zitiert die Performerin Yoshie Maruoka in *vampires of the 21st century oder was also tun?* den französischen Philosophen Baudrillard aus seinem Essay »Transparenz des Bösen«.

»Was also tun?« trifft 2010 auf eine gesellschaftspolitische Situation, die vom Börsencrash 2008 in Folge eines entfesselten globalen Finanzkapitalismus und von einer bis dahin unvorstellbaren staatlichen Bankenrettung auf Kosten des Gemeinwesens tief erschüttert ist. Bosses Recherchen setzen bei dieser Krise der Politik an, die sich in den Alltag westlicher Demokratien dauerhaft eingeschrieben hat. Sie konfrontiert die großen Erzählungen von Wachstum und Fortschritt, die die westlich-kapitalistische Welt am Laufen halten, im Bewusstsein um die eigenen Verstrickungen und Abhängigkeiten mit individuellem und kollektivem Begehren, historischen und biographischen Bedingtheiten.

Dann ereignen sich 2010/2011 in Nordafrika die politischen Umbrüche des »arabischen Frühlings« und geben Claudia Bosses theatraler Gegenwartsbefragung unerwartet neuen Stoff. Die groß angelegte, performative Multimedia-Rauminstallation *dominant powers. was also tun?* (2011) zielt dabei weniger auf die unmittelbaren Ereignisse auf dem Tahrir-Platz als vielmehr auf die vermeintlich unbeteiligte Beobachterperspektive, mit der mediale Repräsentationen von Aufständen konsumiert werden, ohne etwa den Link zu Riots in europäischen Metropolen herzustellen. Ein wucherndes Stimmen-Gewitter durchzieht ein Labyrinth an Räumen, von denen der größte wie nach einer in Tränengas erstickten Straßenschlacht mit dichtem Trockennebel gefüllt ist, in dem die Performer:innen und Zuschauer:innen zunächst nur schemenhaft zu erkennen sind: Autofiktionales Sprechen der Darsteller:innen trifft auf politische Theorien der Gegenwart trifft auf literarische Textfragmente trifft auf einen mehrgenerationellen Sprechchor trifft auf einen Chor aus Medienzitaten. Aus veralteten Telefonapparaten tönen einem Stimmen aus Interviews direkt ins Ohr, die Claudia Bosse und Günther Auer im Herbst 2011 in Kairo geführt haben, während ein paar Räume weiter das im Internet verbreitete Handy-Video, das den Tod des libyschen Diktators Muammar al-Gaddafi dokumentiert, im Loop zu sehen ist. Was sich vor allem einprägt, sind die Bilder von jungen weiblichen Körpern in Aufruhr – Nele Jahnke, Nora Steinig, Catherine Travelletti – die in provozierenden Posen philosophische und politische Traktate lautstark skandieren. Die Zuschauer:innen sind einer Fülle von stimmlichen und sinnlichen Attacken ausgesetzt, die ein ungeheuer affizierendes, gleichermaßen verunsicherndes wie destabilisierendes Potential entfalten.

2012 wird diese Arbeit nach Tunis zum Festival Journées théâtrales de Carthage eingeladen und mit den drei Performerinnen

REENACTING THE ARCHIVE – part 1, Düsseldorf, 2017

der Erstaufführung sowie einem Chor aus Studierenden des Institut Supérieur d'Art Dramatique de Tunis für die Räume des Theaterinstituts neu erarbeitet. Ein Jahr nach den Aufständen in Nordafrika ist dieses Gastspiel alles andere als eine Selbstverständlichkeit, vielmehr eine seltene Gelegenheit für einen Perspektivwechsel, der es den Künstler:innen erlaubt, in persönlichen Begegnungen die prekären Verhältnisse vor Ort zu erfahren. Claudia Bosse entwirft performative und installative Szenarien, Soundlandschaften und Dokumentarräume, in denen die Instabilität politischer Verhältnisse erfahrbar und teilbar wird.

Für die Soundlandschaften ist seit *2481 desaster zone* (2009) Günther Auer verantwortlich, dessen Kompositionen für Lautsprecher-Ensembles zu einem prägenden raumästhetischen Element werden. Gemeinsam mit Claudia Bosse entwickelt er Soundsettings für ungewöhnliche Orte, Installationen und Videos. Parallel zur Reihe der *politischen hybride* beginnt die gemeinsame Arbeit an *some democratic fictions* (2011– ongoing), einem Langzeitprojekt, das Audio- und Video-Interviews zu aktuellen Demokratieverständnissen versammelt. Reisen nach Kairo, Beirut, Tunis, später nach Athen, Brüssel und in weitere Städte führen zu zahlreichen persönlichen Begegnungen und Interviews, die in das Archiv von *some democratic fictions* einfließen. Es geht um Demokratie und andere Staatsformen, Freiheit, Kapitalismus, Religion, die Produktion von Geschichte und Identität. Mit der Zeit wächst das Archiv auf mehrere hundert Interviews an und findet in unterschiedlichen Fassungen Eingang in die Inszenierungen *dominant powers. was also tun?* in Wien, Tunis und Zagreb (2011 bzw. 2012) und *BURNING BE-ASTS* in Frankfurt am Main (2012), in die Installations-Serie *thoughts meet space* in Wien, Athen, Beirut und Kairo (2013–2016), und es begleitet auch die bis heute 25 unterschiedliche Veröffentlichungen umfassende Serie *(katastrophen 11/15) ideal paradise* (2015–2020). So wird *some democratic fictions* zu einem »nomadisierenden Archiv«, das die Dokumente unterschiedlicher Demokratieverständnisse in eine globale politische Landkarte immer wieder neu einträgt.

Die Begegnung mit den vielfältigen, vor allem außereuropäischen Stimmen und Perspektiven öffnet die künstlerische Praxis von Claudia Bosse und Günther Auer nachhaltig hin zu einem anderen Verständnis von Gegenwart. Mit der dringlichen Frage *what about catastrophes?* beginnt 2014 eine neue Werkreihe, in die zugleich die Arbeit mit dem Archiv der vielen Stimmen tief eingeschrieben bleibt. In Abgrenzung zum Narrativ einer krisenhaften Gegenwart entstehen künstlerische Einsätze, die inmitten der Bilder dem Akuten und Brisanten bilderlose Zustände genauso entgegenhalten, wie sie ihm ein anderes Zeitverständnis entgegensetzen.

Die Serie (*katastrophen 11/15*) *ideal paradise* stellt die herrschende Ökonomie der politischen Aufmerksamkeit infrage und hat vor Augen, dass wir uns in einem zeitlichen Rhythmus des Chronischen bewegen, der sich nicht so einfach unterbrechen lässt, vielmehr geht es immer wieder und erst recht in einer Zeit danach darum, »das Erträgliche *un*erträglich« zu machen (Eric Cazdyn) und so überhaupt revolutionäre Vorgänge nicht länger als Bruch denn als kontinuierliche Praxis zu begreifen.

KÖRPER UND BEGEHREN

Was also tun? – die Frage nach möglichen Handlungsspielräumen betraf in den Arbeiten Claudia Bosses immer schon den Körper. Doch in der Zeit der *politischen hybride* – im Nachdenken über Aufstände, Revolutionen – gewann der Körper selbst eine andere Dringlichkeit. Denn in die Arbeiten eingeschrieben war nicht zuletzt die Frage, wie sich die politischen Möglichkeiten der Körper zu Gehör bringen lassen. Zugleich schärfte sich das Bewusstsein dafür, dass es nichts anderes als eben jene Körper waren, die ihre eigene Verletzbarkeit mit in den Raum der politischen Konflikte trugen. Oftmals ist der Körper das Letzte, das sich den Staatsapparaten entgegenstellen lässt – als radikal gefährdetes Leben. Dementgegen begreift *designed desires* den Körper in seiner politischen Verstrickung auf gänzlich andere Weise und fragt nach dem Zusammenhang zwischen Körper, Affekt und Politik: eine Choreografie für ein Ensemble von Körpern zwischen 25 und 76 Jahren über Begehren und Gemeinschaft, Pornografie und Politik.

IDEAL PARADISE

IDEAL PARADISE, Wien, 2016

Was ist ein Lustkörper? Wie gestaltet sich unser Begehren? Wer formuliert unser Verlangen? – Der künstlerischen Arbeit an *designed desires* liegt die Lektüre von Edward Bernays' *Propaganda* (1928) zugrunde und damit die Einsicht, dass unser Begehren, wie Jasmin Degeling pointiert, massenmedial »hergestellt [...], technisch gestaltet und ökonomisch durchdrungen« ist. Im nur schwer zu überblickenden räumlichen Gefüge einer alten Zollamtskantine in Wien entspinnt sich eine atemraubende Performance über singuläres und gemeinschaftliches, intimes und politisches Begehren. In radikaler Gleichzeitigkeit ereignen sich transformierende Handlungen, die einen beeindruckenden intermedialen Dialog eröffnen: zwischen Körpern, Sound, Material, Fleisch, Texten, Architekturen und Oberflächen ist dieser so flauschig wie abschreckend, so glitzernd wie kalt, so verzaubernd wie verstörend, so abwaschbar wie abgründig, so anziehend wie verletzbar, so nackt wie intellektuell. »[E]in ästhetischer Parcours«, schreibt Christine Standfest im Programmheft zu *designed desires*, »durch eigentümliche Rituale, gefährliche Texte, unruhige Körper und hinreißende Klänge« und sieht im *Bühnen*-Geschehen selbst die Anti-These zum Stücktitel, denn es handele sich in *designed desires* gerade nicht um eine Vorstellung eines genormten Begehrens, vielmehr artikuliere sich in diesem Stück der »Rest des Kontrollierbaren« – die Lust am Überschuss, die unkalkulierbare Gefährdung und maßlose Differenz des Begehrens.

Hinreißend sind die elektroakustischen Klänge von Günther Auer in zweifacher Weise. Zum einen sind sie saucool, antirhythmisch und originell, zum anderen sind sie so bezaubernd, betörend, verlockend und verführerisch, dass es eben jene Klänge sind, denen man als Zuschauer:in in der eigenen Überforderung beinahe bedingungslos gewillt ist zu folgen. Sie bestimmen im Verlaufe des Abends immer wieder die Dramaturgie der Ereignisse, rufen die Zuschauer:innen – reißen sie hin – in jene verborgenen Winkel oder offenen Flächen der Architektur, wo die nächste Handlung, ein differenter Vorgang sogleich anheben wird zu beginnen. Und immer aufs Neue ist man hingerissen – von der kommenden Szene und den großartigen Performer:innen: Véronique Alain, Caroline Daish, Yoshie Maruoka, Tara Silverthorn, Alexandra Sommerfeld und Florian Tröbinger. Genauso wie von Ilse Urbanek, der Leitwölfin des eindrücklich agierenden Chor-Körpers, der von Beginn an als un-mögliche Communitas erscheint. In einem verzweigten und sich überlagernden »Panorama unserer Wunschformationen« (Jasmin Degeling) öffnet die Inszenierung unsere genormte, warenförmige und verwaltete Welt hin zu einem unbestimmbaren Begehren, experimentieren die Performer:innen mit visuellen Fragmentierungen unseres Verlangens und konfrontieren uns mit auseinanderfallenden Gesten von Lust, mitunter Schmerz, und dabei lauschen wir einem Sprechen, das Vorstellungsräume öffnet. Gerade deshalb bleibt unser Zusammenkommen den ganzen Abend lang fragil und unsicher, weil hier *in actu* – in den Zwischenräumen der Begegnungen, in der Überlagerung von Körper, Begehren und Theorie – neue Weisen des Wissens und der Lust erfunden werden, in denen die *Lüste als Gegenmächte* (Foucault) in Erscheinung treten. Uns als Anwesenden bleibt vielleicht nichts, als sich mit ihnen zu verbünden und das Begehren – auch nach anderen Zukünften – zu begehren.

OPER

Auf den ersten Blick sind die Körper, die uns in *POEMS of the DAILY MADNESS* (2017) begegnen, gänzlich anders verfasst. In einem offenen Raum treten uns vier Figuren gegenüber, die sich zunächst über ihre Form behaupten: Quader, Pyramide, Kugel, Zylinder. Aus der Form selbst ragt immer noch ein Stück Mensch heraus, das die klare Kontur unterbricht, aber doch die Form trägt, ohne dass jene Assemblages vermöchten, Figuren im figürlichen Sinne zu werden. Auf der offenen Fläche der *Bühne* nehmen sie einen Ort ein, spannen ihn auf – als singende und sprechende Körper. Zugleich beherbergt dieser Ort ihre Namen: TERROR, MADNESS, POEMS, HATE CRIME. Namen, die Allegorien sind. Wenn ihre Stimmen ertönen, wird ihre (Bild-) Oberfläche aufplatzen und ihre Form deformiert werden. Der Grund, auf dem sie agieren – die Medienöffentlichkeit – wird sich als aufgerissener zeigen.

Doch noch einmal einen Schritt zurück. Das Vorhaben, eine Oper zu machen, stellt die gemeinsame künstlerische Praxis von Claudia Bosse und Günther Auer vor eine neue Herausforderung. Es ist nicht nur die augenzwinkernde Frage: »Warum Oper? – Das interessiert doch keinen!« (Günther Auer), vielmehr erfordert das Projekt Oper eine gänzlich andere Arbeitsweise in ihrer künstlerischen Begegnung. War es bisher oftmals so, dass sich die Dinge im Dialog ergaben, im gemeinsamen Probenprozess – *in actu* –, Kompositionen zu Texten und Szenen fanden, oder ein konkreter Sound eine neue Idee, Bewegung, ein neues Ereignis auslöste und dieser Vorgang erst einmal in alle Richtungen offen, tendenziell unendlich ist, trägt die Oper ihnen Präzision und voneinander getrenntes künstlerisches Arbeiten auf. Es braucht ein fertig geschriebenes Libretto – mit *Figuren* – von Claudia Bosse, zu dem Günther Auer eine elektroakustische Oper komponieren wird.

Also los, inspiriert von dem außergewöhnlichen Text *To Be In A Time Of War* der libanesisch-amerikanischen Dichterin, Philosophin und Malerin Etel Adnan und mit Jacques Rancière, Frantz Fanon und Bertolt Brecht im Kopf entsteht ein Libretto, in dem sich alltägliches Leben mit politischen Ereignissen verschränkt, ein Libretto, das medialisierte Wirklichkeiten, polarisierte Öffentlichkeiten, sich ereignende Terrorakte und die Rituale unseres Alltags miteinander konfrontiert und als poetologische Sprache in den Raum stellt. »Oper – aber Neuerungen« halten Bosse und Auer mit Brecht der Welt entgegen, um diese komplexe Kunstform doch als einziges Mittel zu begreifen, die medialen Unübersichtlichkeiten der Gegenwart zu verhandeln: »Und was meint Rancière? ›Das Reale muss zur Dichtung werden, damit es gedacht werden kann. ALSO LOS.‹«

So singen und sprechen TERROR, MADNESS, POEMS, HATE CRIME – Alexandra Sommerfeld, Mirjam Klebel, Nicola Schößler und Nic Lloyd – von der »verdammten Wirklichkeit«, der »Funktion des Alltags« und den »Gewaltverhältnissen, in denen wir leben« – und treffen auf einen »Chor der Verdammten«. Doch das, was uns für gewöhnlich in unserer medialisierten Öffentlichkeit umfasst, ein sich ubiquitär verbreitendes Sichtbares, ist der Inszenierung beinahe gänzlich entzogen. Hier setzt das Konzept der Komposition an: Die Stimmen, Klänge und Melodien des »romantischen Singspiels« könnten nicht gefährlicher sein; sie fordern, dass wir einstimmen, gar zustimmen; sie umgarnen und umlagern uns – auch wenn (oder gerade weil) wir die Kon-Texte der *Figuren* nur in unscharfen Umrissen zu erkennen vermögen. Es ist eine Sprache, die unsere Körper attackiert. Die Körper aller Anwesenden. Und natürlich geht es um Haltung, um die Frage, woher *unsere Gedanken kommen* – (Brecht); wir sind einer Situation ausgesetzt, in der Form und Inhalt nicht mehr ineinander aufgehen, einer Situation, in der man den vermeintlichen Gewissheiten nicht mehr trauen kann, vielmehr verwirrt und umhergeworfen wird von den Sätzen und Tonfolgen, die durch den Raum fliegen. Ihren Allegorien hat Claudia Bosse das Wissen um Körper eingeschrieben, die sich affizieren lassen und verwundbar sind. Mit Jelinek ließe sich sagen: »Die Texte fressen die Schauspieler auf« – und die Zuschauer:innen gleich mit: »Es ist sprechen und aus.«

WENN DIE NATUR SICH ZURÜCKHOLT DIE ALTE ERDE

Mit *THYESTES BRÜDER! KAPITAL – anatomie einer rache* (2019) weicht die Frage nach den Möglichkeits- und Handlungsräumen dem erschreckenden Bild einer Gegenwart, die die Existenz des Planeten aufs Spiel setzt.

IDEAL PARADISE, Wien, 2016

Nackt, entblößt, schutzlos, so stehen die Körper der Performer:innen im ersten Bild dem Publikum gegenüber – *homo sacer*, der heilige Mensch, ausgestoßen, vogelfrei. Das nackte Leben mit nichts außer seinem Atem: Die Luft einsaugend und ausatmend, bauen die Körper Energie auf, die sich in markerschütternden Schreien entlädt. Schrei werdend treten sie in die symbolische Ordnung ein und mit ihr in das Schlachtfeld einer Genealogie der Gewalt, in dem Körper und Text sich in einem fortwährenden Kampf befinden. Lilly Prohaska (Tantalus), Rotraud Kern (Furie), Alexandra Sommerfeld (Bote), Nic Lloyd (Thyestes), Mun Wai Lee (Atreus) stoßen den Mythos des Machtkampfes zwischen den Söhnen des Tantalus Wort für Wort aus, mit Stimmen, die aus den Tiefen ihrer Eingeweide zu kommen scheinen.

Als Chor bewegen sie sich durch die Halle eines seit Jahrzehnten leerstehenden ehemaligen Operettenhauses aus den

IDEAL PARADISE, Wien, 2016

1950er-Jahren, der Boden ausgelegt mit einem purpurnen Teppichboden, durchmessen den Raum in einer Choreografie aus wechselnden, sich immer wieder neu aufbauenden und auflösenden Positionen und Konstellationen, ebenso, wie sie ihre Körper zu fragilen, skulpturalen Gebilden umeinanderwinden. Die körperliche Auseinandersetzung mit dem Text wird dabei durch von den Performer:innen sich gegenseitig auf die Körper aufgetragenen Farben – gelb, weiß, rot, braun, schwarz-violett – verstärkt, die – je weiter die tragische Handlung voranschreitet – mit jeder Berührung sich zunehmend vermengen. Im entscheidenden Moment, als dem Darsteller des Thyestes während des kannibalischen Mals, bei dem ihm sein Bruder Atreus die eigenen Kinder auftischt, blutig rote Farbe über den Körper läuft, tobt plötzlich eine Gruppe Jugendlicher herein und verbindet sich mit den Protagonist:innen zu einem Sprechchor, der das unfassbar grausame Geschehen kommentiert.

Auszüge aus Karl Marx' *Grundrisse der Kritik der politischen Ökonomie* spricht der junge Schauspieler Juri Zanger von einer Leiter herab in ein Mikrofon wie ein Lecturer einer Business-Akademie. Sie kommentieren die Monstrosität des kannibalistischen Mals mit der kapitalistischen Ökonomie aus Produktion und Konsumtion. Ihr unentrinnbarer Kreislauf wird in der Figur des seine eigenen Kinder verschlingenden Thyestes an den drastischen Endpunkt geführt.

Hatte Claudia Bosse bei ihrer Erarbeitung von Aischylos' *Persern* vor allem die Ferne der 2500 Jahre alten Tragödie zur Gegenwart betont, so rückt uns ihre Inszenierung von Senecas *Thyestes* in der Übersetzung von Durs Grünbein auf unheimliche Weise nah. Der Zusammenbruch des Kosmos, der Sturz ins Chaos und das Verschwinden des Tageslichts, von denen das Orakel kündet, rufen gegenwärtige Bedrohungen durch nicht mehr umkehrbare menschliche Eingriffe ins ökologische Gleichgewicht des Planeten wach.

KOSMISCH WERDEN

Sterne, Körper, Materie, Knochen, Steine, Organe. Eine neue Phase – ein Übergang – markiert die jüngsten Arbeiten. Ein Übergang, der sich laut Édouard Glissant mit einer Bewegung zusammendenken lässt, einem *Zittern* oder *Beben,* das uns mit der uns umgebenden Welt in Beziehung setzt. Der Übergang beherbergt das Ungewisse, das Nicht-Selbstverständliche und auch eine Art der Befremdung. In diesem Dazwischen ist es das Ungewisse der

Prophezeiung, auf das wir uns verlassen sollen – und das Claudia Bosse besonders interessiert. Inspiriert von mehreren Aufenthalten in Indonesien, sucht sie Begegnungen und Berührungen mit Landschaften, Pflanzen und Steinen, den Kontakt mit dem Nicht- oder Mehr-als-Menschlichen, dem sie in den geologischen Schichten eines innerstädtischen Baugrunds ebenso wie in den urzeitlichen Gesteinsformationen einer griechischen Insel oder in den Wäldern der Donau-Auen nachspürt. In den unterschiedlichen Formen der Zusammenkunft begreift sie die uns umgebende Umwelt als aktive Agentin ihres Handelns.

Doch wie kann es gelingen, dem Nicht-Menschlichen eine Stimme zu geben? In Bosses präziser Spracharbeit lässt sich eine Hinwendung zum Hören beobachten, ein großzügiges Zuhören, das sich in viele Richtungen offen zeigt: dem Atem der Körper gegenüber und dem des Waldes; der Materialität der Organe wie der Verfasstheit der Pilze; den biologischen Zerfallsprozessen unserer Körper und dem vermeintlich toten Material eines von Mikroorganismen bevölkerten Biotops. »Gibt es ein Sprechen«, scheint sie mit Glissant zu fragen, »das von allen Dingen ausgeht, die nicht der Mensch sind – ihr Salinen, Felsen, Granite?« Die Anrufung richtet sich nicht mehr an uns, sondern spricht aus einem kosmologischen Denken heraus, wendet sich direkt an sie alle: – *ihr Salinen, Felsen, Granite,* Bäume, Pilze, Tothölzer, Farne und Organe. Sie alle haben teil an der künstlerischen Arbeit von Claudia Bosse, werden in den jüngeren Arbeiten zu Kompliz:innen des *theatercombinat.*

Und dann ist da Gaia, eines der ersten Wesen, das aus dem Chaos entsprang, die Urmutter in der griechischen und römischen Mythologie, personifizierte Erde und eng verbunden mit Orakeln und Weissagungen. Einer Überlieferung nach war sie es, die das Orakel in Delphi stiftete. Die Sorge um sie ist es, die einem im Ohr bleibt, nachhallt, durch den eigenen Körper wandert. Es ist der beinahe letzte Satz in Claudia Bosses Solo *ORACLE and SACRIFICE 1 oder die evakuierung der gegenwart* (2020): »Wie lange kann Gaia uns noch tragen?« – während sie selbst unter einem riesengroßen weißen Herzen liegt und dies mit ihren Füßen zu tragen, zu halten sucht. Darauf wird Bosse selbst keine Antwort geben, vielmehr ist die Frage Teil einer Praxis des Orakels, die sie dreistimmig elektronisch verstärkt dem Schaf – oder dem Publikum? – ins Ohr flüstert: »DU SCHAF. [...] – bis die Säfte kommen und die Frage zerlegen, bis sie zirkuliert in deinem Körper.« In der Hoffnung oder mehr noch im Vertrauen, dass sich in seinen, oder besser in unseren Organen, aus unseren Lebe(r)n die Antwort ablesen ließe. Eine Praxis des Lesens des Ungeschriebenen. Was wäre also, wenn wir unsere Zukunft in unseren Organen trügen? Über was ließe sich dann spekulieren? »Ob die Bäume revoltiert haben werden?«

Das Zirkulieren des Materials im Körper ist zugleich entscheidend für die Entstehungsgeschichte von *ORACLE and SACRIFICE 1 oder die evakuierung der gegenwart*. Die Position der beobachtenden Regisseurin zu verlassen und auf der Bühne mit dem eigenen Körper zu arbeiten, zu denken und das Material durch sich hindurchgehen zu lassen; aus diesem Wunsch ist ein eindrückliches Solo entstanden, in dem Claudia Bosse »auf eine wunderbare Art und Weise [...] all die Gespenster, die Erfahrungen, Kompliz:innen und Reisen dieser langen, radikalen, keine Kompromisse zulassenden künstlerischen Praxis [versammelt] und [...] eigentlich nie ›solo‹ da auf dieser Bühne [ist], stattdessen immer umgeben von Zeiten, von Fragen und vom Material der letzten Jahre.« (Thomas Köck) Ein Solo also, das vielleicht gar kein Solo ist – oder zumindest (mit oder ohne Heiner Müller) die Frage stellt: »Ich – Wer ist das« – und von wem oder was umgeben? Es geht um das Innere und Äußere der Welt, genauso wie um das Körperinnere und sein Äußeres, um rituelle Opferungen, um das Nicht-Verstehbare und den uns umgebenden Kosmos. Aus dieser Bezogenheit heraus spekuliert die Arbeit über Gegenwart, Vergangenheit und das Zukünftige.

Eingebettet sind dabei *sie alle* – menschliche und nicht-menschliche Wesen – in einen weißen Bühnenraum, der jedoch beinahe nichts von einer Bühne hat – als vielmehr Landschaft ist. Und als solche möchte der Raum gelesen werden, als offenes Feld, als zerklüftetes Terrain, in dem es den Zuschauenden obliegt, je eigene Zusammenhänge herzustellen, auch wenn diese notwendig vorläufig und prekär bleiben. Stattdessen sind wir aufgefordert, jenen Momenten nachzuspüren, die nicht so einfach verstanden werden wollen oder ohne klare Botschaft auskommen. Denn genau in diesem Unbestimmten der Landschaft liegt erst die Möglichkeit, etwas Unbekanntes zu erfahren. So liegen die Fäden offen da, und zwischen installativen Arrangements und performativen Ereignissen, zwischen Organen, Schaumstoff, glitzernder Lunge und riesengroßem Kunststoffherz deutet sich etwas an, was sich später im Wald – in der sich fortsetzenden Arbeit *ORACLE and SACRIFICE in the woods* – noch deutlicher erahnen lassen wird. In der Landschaft – die nur für einen Moment hier noch Bühne ist, auf der sich Heterogenes versammelt – bleibt eindringlich ein Satz über Iphigenie stehen, verklingt nicht: »He sacrificed her for the war.« – *Er opferte sie für den Krieg.* Auch diesen Satz wird man mit in den Wald nehmen, um das Spekulieren über das Zukünftige, die Perspektive des Planetarischen – mit Gaia, Kassandra, Athene und den Nymphen – als feministisch zu erahnen; zu erkennen, dass sich diese künstlerische Arbeit der verwalteten Welt entgegenstellt.

Im Wald – in *ORACLE and SACRIFICE in the woods* – faltet sich das Solo auf, breitet sich das Material aus, teilt es mit vielen, um sich als Ritual zu ereignen. Die Zuschauenden sind eingeladen, aufgefordert, dem Ruf des Waldes zu folgen, ihn zu-

applied poetics in urban space, Kiew, 2017

nächst allein – umfasst von Claudia Bosses Stimme – zu durchstreifen, die ausgelegten Fäden und verzweigten Beziehungen zu erkunden, mit den Bäumen, den Pilzen, dem Totholz und der Erde sich verwandt zu machen und später dann den hybriden Verflechtungen der transkorporalen Anordnungen eines Chores aus menschlichen und mehr-als-menschlichen Wesen beizuwohnen und die unentwirrbaren Relationen zwischen tierischen, pflanzlichen und unbelebten Materien zu beobachten. In diese Landschaft eingeschrieben ist nicht zuletzt die unhintergehbare Tatsache, dass der Mensch im Moment seines Todes selbst wieder zu eben dieser Erde wird. Mitten im Wald, in dieser so bezaubernden Hinwendung zum Kosmischen, geht es nicht zuletzt um eine Politik der Versammlung. Denn »wie in jeder Landschaft« – ließe sich ein letztes Mal mit Heiner Müller sagen – »ist das Ich in diesem Textteil kollektiv«. Das Ich gerät zugunsten der hybriden Verflechtungen und Relationen, die es eingeht, in Auflösung, »rematerialisiert sich zu einem Kollektiv« (Sophie König). *Sie alle* und wir sind hier versammelt und bewegen uns in einem Dazwischen, das das Theater als Raum und Konzept längst verlassen, in dem die Form sich aufgelöst hat. Vielmehr sind wir in einer Landschaft, in der sich in der geteilten Anwesenheit aller eine partielle, kollektive und widerständige Handlungsmacht ereignet, ein Ritual, das auf die Anrufung einer Göttin längst verzichtet hat und stattdessen den Wald als kollektiven Schauplatz des Werdens erprobt und die Zukunft hin zu der Frage öffnet: *How to live otherwise as humans in the world?* –

ALLES MÖGLICH: SANS FIN

Verwendete Literatur und Quellen: Dieser Text hätte nicht ohne das umfangreiche Archiv und die Werkdokumentationen von Claudia Bosse entstehen können. Vieles lässt sich auf der Website www.theatercombinat.com finden. Eine Besonderheit sind die Originalbeiträge von Theoretiker:innen und Künstler:innen, die als Probennotate, Skizzen, erste Eindrücke in direkter Reaktion auf die Arbeiten entstanden sind. ❘ Zugrunde liegt außerdem ein Arbeitsgespräch von Fanti Baum und Kathrin Tiedemann mit Claudia Bosse, das am 30. 11. 2021 in Düsseldorf stattfand. ❘ Wenn nicht anders angegeben, stammen Zitate von Claudia Bosse und beteiligten Künstler:innen aus Notaten zu den jeweiligen Inszenierungen, dokumentiert auf der Homepage www.theatercombinat.com.

In der Reihenfolge des Vorkommens: Thomas Köck: »*speak, organ, speak!*« – Über *ORACLE and SACRIFICE 1 oder die evakuierung der gegenwart*, 12.10. 2020, Magazin des Tanzquartier Wien, unter: https://tqw.at/speak-organ-speak/ ❘ Hans-Thies Lehmann: Nachträge zu *massakermykene*, 2000, unter: https://www.theatercombinat.com/projekte/massaker/mm_presse_frkt. htm ❘ Nikolaus Müller-Schöll: Nachträge zu *massakermykene*, 2000, unter: https://www.theatercombinat.com/projekte/massaker/mm_presse_frkt.html ❘ Bertolt Brecht: *Der Messingkauf*, in: ders.: *Werke. Große kommentierte Berliner und Frankfurter Ausgabe*, Bd. 10/1, Frankfurt: Suhrkamp 1997 ❘ *Fatzer-Fragment*, in: ders.: *Werke. Große kommentierte Berliner und Frankfurter Ausgabe*, Bd. 10/1, Frankfurt: Suhrkamp 1997 ❘ »Innovation & Widerstand. Jelineks theatrale Provokationen«, Gespräch mit Claudia Bosse, Hilde Haider-Pregler, Karen Jürs-Munby, Ute Nyssen, moderiert von Silke Felber. In: Janke/Fladischer (Hg.): *JELINEK[JAHR]BUCH 2016–2017*, Wien, 2017. ❘ Ulrike Haß: »Peinliche Verhältnisse: Die Bühnenstücke Elfriede Jelineks«, in: *Frauen im Theater*, Dokumentation der Tagung der Dramaturgischen Gesellschaft, Berlin 1987, S. 86–95 ❘ Elfriede Jelinek: *Ich möchte seicht sein* (1983) und *Sinn egal. Körper zwecklos* (1997), unter: https://www.elfriedejelinek.com/ – Texte zum Theater ❘ Christine Standfest: Probenprotokolle *fatzer-fragment*, 1998, unter: http://www.theatercombinat.com/projekte/fatzer/fatzer_protokolle.html ❘ Dirk Baecker: »Grammatik der Leerstellen oder Konzentriertes Theater«, *Frankfurter Rundschau* Nr. 92, 20.4.2001, S. 19 ❘ Judith Butler: »Körper in Bewegung und die Politik der Strasse«, unter: https://zeitschrift-luxemburg.de/artikel/koerper-in-bewegung-und-die-politik-der-strasse/ ❘ Michael Franz Woels: »Der Chor als Kippfigur zwischen dem Zuschauerkörper und den Akteurinnen und Akteuren […]« – Günther Auer und Claudia Bosse (theatercombinat) im mica-Interview, 25.6.2019, unter: https://www.musicaustria.at/der-chor-als-kippfigur-zwischen-dem-zuschauerkoerper-und-den-akteurinnen-und-akteuren-guenther-auer-und-claudia-bosse-theatercombinat-im-mica-interview/ ❘ Christine Standfest: »Ergreifendes Sprechen. Zu Claudia Bosses PERSER-Inszenierungen«, in: Heiner Goebbels/Nikolaus Müller-Schöll (Hg.): *Heiner Müller sprechen* (Recherchen 69), Berlin: Verlag Theater der Zeit 2009 S. 215–228 ❘ Eric Cazdyn: *The Already Dead: The New Time of Politics, Culture, and Illness.* Durham/London: Duke University Press, 2012. ❘ Jasmin Degeling (ehem. Stommel): »lebendige Körper – geformte Wünsche – zerstreute Aufmerksamkeiten«, unter: http://designeddesires.blogspot.com/2013/04/lebendige-korper-geformte-wunsche.html (hier veröffentlicht als Jasmin Stommel) ❘ Édouard Glissant: *Philosophie der Weltbeziehung. Poesie der Weite,* Heidelberg: Wunderhorn 2021 ❘ Sophie König: »Auflösen, sedimentieren, kollektivieren. Landschaftsprozesse bei Heiner Müller.«, in: Nitschmann/Vaßen (Hg.) *Heiner Müllers KüstenLANDSCHAFTEN. Grenzen – Tod – Störung.* Bielefeld: transcript, 2021.

Sich einkerben in die Gegenwart

Felicitas Thun-Hohenstein im Gespräch
mit Claudia Bosse über Formen
der Versammlung, über Katastrophen,
Veränderbarkeit im Moment und
künstlerische Autonomie

FELICITAS THUN-HOHENSTEIN: Du hast eine relativ klassische Ausbildung gemacht, hast dich aber sehr früh für die Freie Szene entschieden. Wie kam es dazu?

CLAUDIA BOSSE: Ich komme aus einer am Zonenrand gelegenen westdeutschen Kleinstadt, einer Arbeiterstadt, die mit dem Nationalsozialismus eng verwoben ist. Dort gab es keine Kultur. Mein einziger Weg, um mich überhaupt in den kulturellen Horizont hineinzubewegen, war das klassische Theater. Ich habe an der Hochschule Ernst Busch in Berlin Regie studiert, nach der Methode Bertolt Brechts. Mein Institut war sehr kooperativ; im Sinne der Werte der Ex-DDR konnten Frauen Kinder kriegen und trotzdem studieren. Mein Sohn wurde im zweiten Studienjahr geboren. Dann lud mich mein Professor Manfred Karge ein, in Genf zu inszenieren, wo ich das französische Theatersystem kennenlernte. Dort bestehen keine Unterschiede zwischen Stadttheater und Freier Szene wie in Deutschland, sondern frei produzierende Theaterformationen arbeiten an Häusern ohne eigene Ensembles. Als ich nach dem Studium am Berliner Ensemble an der Inszenierung eines Manfred-Karge-Texts arbeitete, lernte ich Josef Szeiler kennen – ein Regisseur der Freien Szene aus Wien, der mir die Zugänge zu Theater und Raum geöffnet hat. Er meinte, man solle sich dem Theater nicht fügen, sondern es neu erfinden. Das hat mich sehr inspiriert und auch ermutigt, andere Wege zu gehen und zu sagen: Ich möchte mir aussuchen, mit wem und in welchen Zeiträumen ich arbeite, ich möchte die Architekturen, in denen ich arbeite, ebenso wie die Räume der Auseinandersetzung selbst bestimmen und gestalten.

Daraus entstand ein ständiges Lernen-Wollen an den Arbeiten, an den Dingen, die man erfindet und sich aneignet. Über die Jahre verändert sich das Theater, verändert sich die Welt und damit auch das eigene Interesse beim Kunstmachen, aber immer ging es mir um die verschiedenen Möglichkeiten dieser gleichzeitig anwesenden Versammlung des Theaters.

Dieses Buch ist ein postdramatischer Theaterband. Wo findest du dich da?

Brecht folgend habe ich immer darauf bestanden, dass das, was ich mache, Theater ist, in der Hoffnung, damit auch den Begriff des Theaters erweitern zu können. Durch eine Kombinatorik der unterschiedlichen Elemente, die viel mit dem Fragment, der Remontage, einer erweiterten Theaterpraxis zu tun haben – aber eigentlich kümmert mich das Theater als Begriff nicht mehr, sondern die Praxis. Ich arbeite eher choreografisch, oft über Zeichnungen, mit einer Art »Raumschrift« – ich kann sagen: Ich komme vom Theater und befinde mich im Übergang, auf der Suche nach neuen künstlerischen Praktiken, die andere Spezies und nicht-menschliche Akteure einbeziehen, sich Landschaften und deren Ereignissen aussetzen.

Wie haben sich die Motive in deiner Praxis über die letzten Jahre verändert?

Am Anfang ging ich von Theatertexten aus, die ich in meinen Inszenierungen in ein Spannungsfeld zu konkreten Körpern und Architekturen gebracht habe: Müller, Jelinek und Brecht, später kam Aischylos dazu. Anschließend interessierten mich Körper in Architekturen ohne Texte – wie in meiner Arbeit *anatomie sade/wittgenstein* von 2002/03 für einen im Bau befindlichen

IDEAL PARADISE *clash*, Wien, 2016

Rohbau. Danach versuchte ich mit *theatercombinat* zeitgenössische Räume und Inszenierungsmodelle für Tragödientexte zu entwickeln. Die gewählten Tragödien thematisierten die politischen Umbruchsituationen, in denen sie entstanden sind. Ich habe ihre Text-Architekturen untersucht, aus denen die Verhältnisse von Sprache, Körper, Raum und Zuschauer:in in ihrer jeweiligen Zeit lesbar sind. Von den *Persern* von Aischylos, umgesetzt 2006 in einem U-Bahn-Tunnel in Wien oder mit riesigen Bürger:innen-Chören auf begehbaren Bühnen 2006 in Genf und 2008 in Braunschweig, bis zu *phèdre* in einem offenen Raumsetting und mit nackten Darstellerinnen 2008 in Genf. Racines rigides Versmaß fordert einen bestimmten Atem ein, der die Kontrolle des absolutistischen Staates über den Körper dieser Zeit ist. Das waren Untersuchungen, Versuche, Modelle: über Shakespeares Bürgerkriegs-Stück *coriolan* – aufgeführt 2007 in einer leerstehenden Straßenbahnremise –, in dem der Klassen-kampf im Land mit einer außenpolitischen Krise abgewendet werden sollte, bis hin zu Jelineks *bambiland* als zeitgenössische Überschreibung von den *Persern* in der Resonanz des Irakkrie-ges, was 2008 an verschiedenen Orten im Wiener Stadtraum stattfand oder 2009 auch in Düsseldorf. Mit der Reihe der *poli-tischen hybride* veränderten sich die Methoden und Motive: 2010 in *vampires of the 21st century oder was also tun?* trafen O-Töne von Ulrike Meinhof oder des Gerichtsprozesses von Saddam Hussein mit Texten von Ovid, Seneca, Marx und Baudrillard zusammen und ließen neue Sprachgewebe entstehen, die his-torisch verschiedene Zeiten und Kontexte verschränkten. Diese *politischen hybride* erweiterten sich ab 2011 in die *some-demo-cratic-fiction*-Interviews. Ich wollte aktuelle politische Konstel-lationen verhandeln und befragen. In *dominant powers. was also tun?* verknüpfte ich Interviews aus Kairo über die politischen Umbrüche mit Passagen aus *Ödipus*. 2012 entwickelten wir diese Arbeit in Tunesien und Zagreb weiter, reagierend auf die Orte, Architekturen und politischen Situationen. Daran schloss sich ab 2014 die *katastrophen-Serie* an, in der Objekte aus Museums-sammlungen, Installationen und Interviews aus verschiedenen geopolitischen Regionen eine größere Wichtigkeit bekamen. Es entstanden Installationen ohne Performer:innen, in denen Ob-jekte menschliche Stimmen trugen.

Nach dem Komplex *IDEAL PARADISE* von 2015 bis 2018/2020 als Teil der *katastrophen*-Serie folgte 2019 wieder ein an-tikes Stück *THYESTES BRÜDER! KAPITAL – anatomie einer rache.*

Warum wolltest du zu diesem Zeitpunkt Senecas *THYESTES* ma-chen? Du hattest dich seit dem Zyklus *tragödienproduzenten,* 2006 bis 2009, nicht mehr mit einem antiken Stoff beschäftigt.

2019 war *THYESTES* für mich das Zeitstück schlechthin: Macht, Gewalt, Kapital und Umwelt in ihren mikro- und makrokosmischen Zusammenhängen. Ich wollte das Stück zu dem Zeitpunkt unbedingt inszenieren. Wegen unserer Verantwortlichkeit gegenüber der Zukunft und der Machtpolitiken der Gegenwart. Thyestes werden von seinem Bruder Atreus die eigenen Kinder aufgetischt und er verspeist sie unwissentlich. Dieser unvorstellbar grausame Vorgang führt bei Seneca dazu, dass sich das Universum für immer verdunkelt, weil die Sterne vor Entsetzen vom Himmel fallen. Das Stück thematisiert die Kannibalisierung der Zukunft und unserer Gegenwart.

Der Aufführungsort in Wien war ein besonders signifikanter!

Ja. Eine riesige Achtzigerjahre-Kantine eines globalen Unternehmens.

Es geht bei dir immer stark um die Orte, wo deine Arbeiten stattfinden. Es geht dir um einen experimentellen Raum, um eine Art Labor – ein künstlerisches Forschungslabor. Du arbeitest in den Zwischenräumen, dem Limbus, den unsicheren Rändern der Sprache.

Damit das Werk durch diese Verortung in konkrete Räume und Architekturen auf die Situation reagiert und dynamisch und veränderbar bleibt. Interessant ist bei Brecht, dass die verwendeten Mittel sich nie zu einer Oberfläche schließen sollten, sondern rau und offen bleiben, damit man weiß, woher sie kommen. Diese Ästhetik, dieses andere Erleben, lädt jede:n Betrachter:in zur Synthese ein, zum aktiven Zusammenfügen der Elemente. Wie bei manchen Arbeiten der italienisch-brasilianischen Architektin Lina Bo Bardi: Du siehst, wie es gemacht ist, aber auch, wie

urban laboratory IDEAL PARADISE, Wien, 2015

es wirkt, wie Raum entsteht. Strukturen, die ihre Bedingungen offenlegen und veränderbar bleiben, weil sie durchlässig sind. Das interessiert mich.

Condition fragmentaire als Praxis und Unfertigkeit als Erfordernis?

Das Fragment ist fantastisch. Jedes Fragment hat spezifisches Material, aber keine definitive Gestalt, sondern es öffnet sich für mögliche Kombinationen mit anderen Fragmenten, die etwas Bestimmtes artikulieren und sich zugleich zueinander neu ordnen lassen. Diese Momenthaftigkeit und Veränderbarkeit beim Machen, um dadurch neue Erkenntnisse zu erlangen, finde ich unfassbar wertvoll. Das Fragment ermöglicht eine andere Form des Produzierens: Man kann auf etwas reagieren, was man vielleicht noch gar nicht gedacht hat.

In deiner Arbeit zur Pariser Kommune, die im Herbst 2021 begann, einer Serie von 73 Fragmenten, die an verschiedenen Orten über einen längeren Zeitraum entstanden sind, wird nicht erzählt, sondern weiterentwickelt, weitergedacht und aufgemacht als Angebot für eine zukünftige Versammlung, und das passiert über das Fragment.

commune 1-73 war für mich ein Versuch, mit sehr unterschiedlichen Menschen – neben Performer:innen und Künstler:innen waren unter anderen auch ein Geologe aus Berlin und ein Architekt aus Jakarta beteiligt – Fragmente in und für diverse Räume zu erstellen. Performative Fragmente in Räumen des Übergangs, wie eine riesige Brachfläche am Düsseldorfer Bahnhof oder die prekäre Region um das neue Theater des FFT oder ein nicht fertiggestelltes Wasserbecken in Griechenland. Mit bestimmten Personen entstehen Felder, in denen man anders denkt und andere Dinge tut als mit anderen. Es ist eine Kontinuität und zugleich keine Kontinuität aufgrund der fragmentierten Anwesenheit der Beteiligten. Normalerweise wäre das ein Verlust, aber hier habe ich es umdefiniert: Ich sah darin eine Möglichkeit, sich immer wieder neu affizieren zu lassen – weil Begegnungen passieren können. Das ist vielleicht der Grund, warum man Kunst macht. Dabei braucht es keine homogene Gemeinschaft, sondern ein fluktuierendes Gewebe, in dem auch in Abwesenheit von historischen oder gegenwärtigen Personen Resonanzräume entstehen können.

Charakterisiert diese Form der Gemeinschaft auch das *theatercombinat*? Was ist es heute für dich? Kannst du es genauer beschreiben?

Nein, im Gegenteil: Es geht immer um die geteilte Zeit, um geteilte Erfahrungen und darum, alles dafür zu tun, gemeinsame Zeiträume zu öffnen. *theatercombinat* ist eine bestimmte Arbeitsweise, ein Arbeitsethos, ein autonomer Produktionszusammenhang mit wechselnden Personen und einem Wissen, das sich über ganz viele Leute aufgebaut hat und das es zu verfolgen und weiterzugeben gilt. Es geht auch um das Wissen, dass man mit Institutionen kollaborieren kann, aber nicht muss, und dass man in der Lage ist, autonom Produktionen oder Formate zu veröffentlichen. Es begann als Kollektiv und hat sich schnell und mehrmals metamorphosiert.

Welche Rolle spielen die einzelnen Protagonist:innen?

Es gibt Menschen, denen ich sehr vertraue und mit denen ich über viele Jahre zusammenarbeite. Der Komponist und Soundkünstler Günther Auer, mit dem ich auch das Leben teile und viele Arbeiten gemeinsam entwickle, Tänzer:innen und Schauspieler:innen wie Alexandra Sommerfeld, Frédéric Leidgens, Rotraud Kern, Véronique Alain, Mun Wai Lee, Florian Tröbinger, Yoshie Maruoka oder Ilse Urbanek, die als Pensionistin vor zwanzig Jahren dazu gekommen ist und mit Mitte 80 noch immer dabei ist, genauso wie die Akteur:innen der frühen Jahre: Christine Standfest, mit der ich über zehn Jahre zusammengearbeitet habe, oder Andreas Pronnegg, Doreen Uhlig, Doris Uhlich, Markus Keim, Maya Bösch, Gerald Singer und viele andere. Das Zusammenwirken aller Beteiligten ist etwas unglaublich Feingliedriges. In welchen Konstellationen treffen wir aufeinander? Wie bildet sich diese temporäre Gemeinschaft, die sich auf einen künstlerischen Prozess einlässt? Wer sind die Menschen, die Zeit miteinander teilen? Was ist ihr Wissen? Was sind ihre Erfahrungen? Ihre Haltungen? Was entsteht daraus als besondere Möglichkeit? Das verändert beständig die Arbeiten und ist zugleich das Wichtigste: die richtige Konstellation für eine Arbeit zu finden.

Zum *theatercombinat* gehören außerdem unabdingbar die Menschen, die die Bedingungen für Arbeitsprozesse schaffen, wie unsere jetzige Produktionsleiterin Dagmar Tröstler, zuvor Margot Wehinger, oder Anna Etteldorf und Oliver Maus für Kommunikation sowie Marco Tölzer, der als Technischer Leiter viele künstlerische Ideen über Jahre hinweg erst möglich gemacht hat. Dazu zählen auch kontinuierliche Partnerschaften mit besonderen Häusern, die bestimmte Bedingungen schaffen, auch Haltungen. Oder auch Expert:innen, die manche Arbeiten begleitet haben, wie Nikolaus Müller-Schöll, Ulrike Haß, Sophie Klimis, Georg Danek oder Edith Hall und viele andere. Es sind unglaublich sensible Gefüge, die immer wieder neu abgestimmt und hergestellt werden müssen.

theatercombinat als ein Modell?

Es ist ein Modell, und das Wissen, das wir jetzt haben, ist die Geschichte oder das Archiv des Wissens der Menschen, die Teil davon waren. Es gibt Verbündete, Allianzen und Beteiligte in verschiedenen Phasen des Arbeitsprozesses. Ich habe immer mit verschiedenen Generationen gearbeitet oder zugleich mit Laien und Tänzer:innen, Schauspieler:innen, Performer:innen aus verschiedenen Ländern oder mit Expert:innen für bestimmte Recherchen bzw. anderen Künstler:innen. Daraus entsteht der jeweilige künstlerische Horizont von Wissen, Techniken und Haltungen für eine Arbeit.

Da ist die Forschungsfrage, die dir dringlich scheint. Du hast die Themen, die du aus dem Tragödien-Archiv bis hin zu zeitge-

nössischen Autor:innen und natürlich aus deinen eigenen Texten generierst. Auf der anderen Seite treibst du eine Praxis permanenter Transformation voran – die nicht endet, du setzt sie auch immer wieder an verschiedenen Orten an und hältst so eine Art von Probencharakter aufrecht. Wie funktioniert die Zusammenarbeit, wie entsteht der Prozess des permanenten Entwerfens und Verwerfens, der für deine Arbeiten charakteristisch ist?

Zunächst ist da diese große Offenheit, wenn eine Arbeit beginnt, und dann ergeben sich unterschiedliche Plateaus oder Felder, in denen sich Material, Texte, Recherchen ansammeln und später verdichten. Wenn dann die Artikulation mit dem Material oder den Beteiligten beginnt, zeigt sich etwas, und danach folgt eine immer größere Konzentration. Es entwickelt sich ein spezifischer Fokus – auf Ereignisse, Orte oder die weltpolitische Situation. Dieser Fokus ist eine Möglichkeit, mit der Wirklichkeit umgehen zu können. Weil er einem Handlungsräume eröffnet, die man in dieser Gemeinschaft, mit diesen Mitmenschen und Künstler:innen gemeinsam teilen kann – in allen Konflikten und in aller Differenz.

Zu der jeweiligen Gemeinschaft gesellen sich Motive oder Fragestellungen, manchmal sind es Sätze, manchmal Weisen des Denkens und Schreibens. All dies sind Geister einer Arbeit, die die künstlerischen Prozesse begleiten. Alles Sehen, Schreiben, Lesen prägt sich in die Arbeiten mit ein, schreibt sich ein, auf verschiedene Weisen.

Wie kann man die Medien, Texte oder Bewegungen verknüpfen? Oder welche Mittel kann man performativ, körperlich, theatralisch und sprachlich miteinander verbinden? Es geht mir darum, neue Mythologien zu entwickeln, als Erfahrungen, die sich im Raum für Besucher:innen über verschiedene Mittel ereignen können.

a first step to IDEAL PARADISE, Krems, 2015

Ich bewege mich immer durch die Aufführungen und verstehe dadurch die Arbeit, wenn sie stattfindet. In der Vermischung der Akteur:innen und der Besucher:innen, die für zwei oder fünf oder mehr Stunden auf diese Arbeit treffen, ereignet sich die Arbeit erst. Dann zeigt sie sich, dann wird sie (miss-)verstanden, oder es brechen andere Ereignisse herein. All das, was wir über Monate versammelt haben, verändert sich. Diese Veränderbarkeiten in dem Moment des Zusammentreffens mit der Öffentlichkeit im geteilten Raum, das Wiederlesen oder das Verstehen der eigenen Arbeit erlebe ich immer mit großer Neugierde.

Was sind für dich ideale Besucher:innen?

Ideale Besucher:innen sind die, die mutig genug sind, ihren Assoziationen zu vertrauen, und sich mit ihren Körpern und offe-

a first step to IDEAL PARADISE, Krems, 2015

nen Sinnen durch die Arbeiten bewegen. Die nicht fragen, was
sie denken sollen, sondern die sich die Freiheit nehmen, ihre
Sinne, ihr Denken, ihre Assoziationen, ihre Körper, auch zueinander, wahrzunehmen.

**Die Besucher:innen haben die Möglichkeit, wie du einmal gesagt
hast, zu Schnittmeister:innen ihrer eigenen Bilder zu werden –
gilt diese Offenheit auch für die Performer:innen? Wie viel Raum
besteht für Improvisation?**

Es gibt genauso viele Perspektiven auf eine Arbeit wie Anwe-
sende im Raum; ihre Bewegung, Nähe und Distanz verändern
die Arbeit und zugleich die jeweilige Situation, genauso wie
die Wahrnehmung des Einzelnen. Die meisten Arbeiten entstehen aus strukturierten Improvisationen, aber das Verhält-

nis von Improvisation zu Material, zu Rhythmus oder Fokus auf den eigenen Körper und zu den Besucher:innen ist je nach Arbeit unterschiedlich. Jede Arbeit hat eine klare rhythmische und räumliche Struktur. Durch die freie Begehbarkeit der inszenierten Räume für Zuschauer:innen ist vieles unvorhersehbar für die Akteur:innen und Zuschauer:innen. Jede Schwierigkeit, die im Moment auftritt, ist eine Chance für Improvisation – für neues Material. Alles, was sich ereignet, sich bewegt, wird Teil einer Situation und so der Arbeit.

Die Akustik – das Thema der Musik und des Komponierens, die Intensitäten von Stimmen, die gestische und räumliche Akustik – ist ein Subtext, der mir tragend für dein Denken und deine Arbeit scheint.

Nach der intensiven Arbeit mit Theatertexten habe ich versucht, Strukturprinzipien für körperliche und räumliche Erfahrungen der Zuschauer:innen zu entwickeln, die nicht unbedingt an Narrative gebunden sind. Komposition als das Strukturieren von Energien und Rhythmus ist ein guter Zugang, um Texte, Motive, akustische und körperliche Bewegungen zueinanderzusetzen. In diesem Aufprall von Informationen und Materialitäten entsteht Sinn, der die Elemente transformiert, und zugleich öffnet der Aufprall die ästhetische Erfahrung.

In der Arbeit mit griechischen Tragödien versuchte ich zu begreifen, was diese rhythmisierte oder klingende Sprache ausmacht, die zugleich die einzige Handlung ist. Wie kann ich mit dieser klingenden Sprache heute umgehen? Nach welchen kompositorischen Strukturen ist sie geordnet? Chorlieder in der Antike unterliegen einem bestimmten Versschema. Strophe und Gegenstrophe sind nach dem gleichen melodischen Muster gebaut, thematisieren aber häufig eine entgegengesetzte Pers-

pektive. Es gibt einen ähnlichen Klang, aber einen anderen Inhalt. Aus dem Schreiben von Sprechpartituren für riesige Chöre
untrainierter Sprecher:innen ist meine Methode des phoneti-
schen Denkens entstanden: ein Sprechen, bei dem die Wörter
autonome Klangkörper werden und Sätze bilden, über Verse
hinweg. Wörter und Gedanken, die aneinanderstoßen und klin-
gend Bedeutung entfalten, indem sie vom Körper-Innenraum
der Sprecher:innen auf die Körper der Hörer:innen auftreffen.
In diesem »Jetzt« des Aufeinandertreffens mit der umgebenden
Architektur entsteht Klang, der Sinn wird.

**Etwas, das du als zentral betrachtest, ist das chorische Element.
Worum geht es dir dabei?**

Es geht um abhängige Gesellschaftlichkeit, in diesem temporären Spielraum der Körper im Chor miteinander. Chor ist ein
Gefüge von Abhängigkeiten, Möglichkeiten und Aufmerksamkeiten zueinander. Es ist nicht gleichgültig, was der Einzelne tut,
sondern alle treten in einen Resonanzraum mit allen anderen in
diesem Raum. Ein Satz wird eine Vielheit durch die Stimmen
der verschiedenen Körper, die diesen einen Satz sprechen. Es
braucht immer diese kleine Differenz in der Vielheit, die miteinander atmet und spricht, und die mögliche Gleichstimmigkeit,
die nie ganz eingelöst wird: Erst dann entsteht das Chorische.
Die Geschichten der beteiligten Körper werden miterzählt – im
Verfertigen ähnlicher Artikulationen, die sich zueinander verhalten, entlang der Spielregeln ihrer Verhältnisse. Chor als Gefüge ist fundamental für Theater. Chor ermöglicht, Räume zu
öffnen, in denen Besucher:innen, als Vereinzelte, über eine Zeit
zu einem zweiten chorischen Gefüge werden können oder Vereinzelte bleiben, inmitten des Chores, im geteilten Raum. Das
sind wunderbare Austauschprozesse.

Der Chor als Organismus, der nicht von außen dirigiert wird, ist stets bedroht zu zerfallen, in der Selbstberührung beim Atmen und Entäußerung beim Sprechen, im gemeinschaftlichen Versuch des Zusammentreffens der Worte oder Handlungen. Nur wenn ich mit mir bin, kann ich mit den anderen sein, und wenn ich nur mit den anderen bin, kann ich nicht mit mir und Teil des Chores sein. Erst diese komplexe Form einer psychisch physischen Verfasstheit ermöglicht das Chorische – die Aufmerksamkeit zu sich und zu den anderen. Es geht nie darum, dass der Chor sich als Form vollendet, sondern dass der Chor immer auf der Suche bleibt, indem die Aushandlung, das Suchen, das Verlieren, das Wiederaufgreifen Teil dieses Gefüges bleiben. Das ist das Aufregende beim Chor, besonders wenn er von Zuschauer:innen durchwandert und begangen wird.

Wenn sich doch ein Rhythmus ergibt, der zur Wirklichkeit durchstößt, wenn sich ein bestimmter Atem einstellt ...

Der Rhythmus unseres individuellen Atems ist ein Ort mit und in uns. Ein intimer Ort. Und wenn wir im Chor auf andere treffen, müssen wir diesen Ort erweitern oder verändern, um mit den anderen zu sein. Und dieses Gemeinsame artikuliert sich als Prozess, als eine Durchlässigkeit zu sich und allen anderen. In seiner radikalen Bedingung von Gemeinschaft ist dies immer ein Vorgang, der in seinen Irritationen oder auch in seinem Auseinanderfallen akzeptiert werden muss, damit Gemeinschaft entstehen kann.

Atem ist die Basis der Chorarbeit. Häufig schreibe ich Sprech-Partituren. Das erleichtert Arbeitsprozesse und öffnet einen bestimmten Zugang zur Sprache. Manchmal stellt sich ein Atem ein – als »radikale« Gegenwart, in der Verfertigung des Miteinander-Gesagten. Dadurch bekommt dieser Klang, der Sinn wird, eine komplett andere Räumlichkeit. Der Chorprozess ist was sehr Dynamisches, mit Konflikten und Disharmonien, aber der Chor reorganisiert sich permanent, die Innenräume der beteiligten Körper werden Klang und Wort im Raum. Es entsteht daraus so eine Art kollektiver Horizont in der Verfertigung des Sinns, und dieses Ringen, oder auch diese Durchlässigkeit der Körper mit- und zueinander, durchdringt auch die Körper der Besucher:innen. Sie werden Teil des Chores, atmen mit ihm, werden sein Gegenüber oder befinden sich mittendrin.

Die magischen Chorerlebnisse sind die, wenn dreißig, fünfzig oder dreihundert Menschen zugleich eine neue Artikulation machen, die nicht vorgesehen war – ein Zusammentreffen aller im Denken in diesem Moment, das nur im Dazwischen entsteht, wenn jede:r Einzelne total bereit ist dafür.

Du hast einmal gesagt: »Erst durch die Einsamkeit aller kommt es zur Begegnung.«

Je größer die Räume sind, desto mehr muss man seinen Ort ergreifen, um zu einem chorischen Gefüge werden zu können. Man verliert leicht den Ort, an dem man sich gerade befindet, wenn man zum anderen blickt oder ihm zuhört. Man muss die einzelnen Orte »einbringen«, versammeln, um ein Gefüge zu werden. Das ist unglaublich schwierig, weil man mental immer den Ort verlassen will, an dem man sich körperlich befindet. Und dieses Zurückgeworfen-Sein an den jeweiligen Ort, und von dort aus sowohl zu sprechen, zu hören als auch sich zu bewegen, um sich mit anderen zu verknüpfen – das ist auch eine gesellschaftliche Metapher. Die Fähigkeit, eine Perspektive öffentlich einzunehmen, auch eine politische, geistige Perspektive, und sich damit im Raum sichtbar zu machen. Es geht um das

a third step to IDEAL PARADISE, Weltmuseum Wien, 2015

Sichtbarwerden eines Körpers im Verhältnis zu anderen Körpern, um seine mögliche Berührbarkeit.

Apropos sichtbar machen – zielst du auf politische Wirksamkeit ab?

Wenn es gelingt, dass unterschiedliche Körper, Menschen und Herkünfte miteinander »etwas« öffentlich artikulieren, sich zueinander und zu »etwas« gemeinsam verhalten, dann findet etwas Politisches statt. Ich glaube an die Versammlung, an die Unterschiedlichkeit des Aufeinandertreffens, an die Irritation und an das Absurde, was dadurch häufig zustande kommt.

Wie verhalten sich Zeit und Ereignis in deiner Praxis?

thoughts meet space cairo, Kairo, 2015

Es gibt die Zeit von Ereignissen, jedoch wenn ein Ereignis eine andere Zeit beansprucht, wird etwas anderes sichtbar. Ich finde diese Umbrüche interessant – wenn die erste Oberfläche oder das erste Erscheinen eines Ereignisses plötzlich die Gestalt verändert.

Wenn ich mit anderen arbeite, bestehe ich auf den Augenblick, der nur ein Augen-Blick ist, also nicht die Einlösung einer Projektion in die Zukunft. Wenn der/die Performer:in oder Tänzer:in eine Bewegung ausübt, gibt es immer den Moment, in dem er/sie ins Nächste springen will, den Moment für Zukünftiges vertilgend. Aber dieses Beharren auf den Moment der Artikulation als Möglichkeit des Eingreifens in die Gegenwart ist eine Kraft, durch die die Gegenwart durchlässig wird – oder überhaupt erst eine sein darf und nicht nur die in der Vergangenheit entworfene und jetzt eingelöste Zukunft. Es geht um den Moment als geräumig Flüchtiges, in dem sich Veränderbarkeiten und Verhältnisse zeigen dürfen.

Es geht auch um ein Explosiv-Machen, Sich-Einkerben in die Gegenwart als *terminus technicus* – ob du dich jetzt mit Mythologien oder griechischen Erzählungen auseinandersetzt, es geht um ein Reaktivieren, ein (Ver-)Stören als Produktiv-Machen.

Ja, unbedingt. Aber dann verändert sich Welt. Die Wirklichkeit schlägt zu und die Koordinaten unserer politischen Landschaften zerbrechen innerhalb von wenigen Tagen. Sämtliche Annahmen stellen sich als falsch heraus und die ganzen letzten zwanzig oder dreißig Jahre verschieben sich plötzlich. In dieser Überwältigung von Ereignissen ermöglicht die künstlerische Arbeit, dass Dinge handhabbar werden, auch wenn sie sich immer wieder entziehen. Wenn politische Koordinaten zusammenbrechen, schreiben sich diese Resonanzräume in die Arbeiten ein. Mit der Praxis der Kunst ist man nicht so ausgeliefert und kann eine andere Perspektive praktizieren, die im gesellschaftlichen Verhandeln sonst nicht möglich wäre.

Du hast diese Situation, diesen Einbruch der Wirklichkeit, die Katastrophe als Kippbild der Gesellschaft, wie du es einmal genannt hast, wo der Zufall etwas sozusagen ins Kippen bringt, 2014 in deiner Arbeit *what about catastrophes?* aufgegriffen. Wie hast du dich dem Thema genähert?

Ich habe mich gefragt: Wie überraschend sind die Katastrophen, die sich ereignen? Ist die Katastrophe ein Ereignis, in dem sich etwas entlädt? Durch die Zerstörung zeigt sich erst die Ordnung, die vorgeherrscht hat. Ist es ein absehbares Ereignis, wenn man die Umwelt betrachtet? Ich wollte die Katastrophe als künstlerische Methode begreifen.

Um Neues überhaupt entstehen zu lassen.

Genau. Häufig entstehen in diesen Zusammenbrüchen auch neue Gemeinschaften. Gemeinschaften der Sorge, zumindest kurzfristig, mit anderen Verhältnissen von Klasse und Ökonomie. Anfang 2011 entstand das Langzeitprojekt *some democratic fictions*, eine Interview-Recherche über Gesellschaften im Umbruch, ausgelöst durch die politischen Aufstände Ende 2010, Anfang 2011 in Nordafrika.

Günther Auer und ich arbeiteten zu der Zeit in New York an *vampires of the 21st century oder was also tun?* Dort verstand man diese Aufstände als »Sieg der Demokratie«. Wir beschlossen, im Oktober 2011 nach Kairo zu fahren, um zu verstehen, was dort geschieht. Was sind die globalen Medialisierungen? Was geschieht vor Ort? Daraus ist eine Anzahl von Recherchereisen mit Interviews entstanden, bei denen wir Gespräche mit unterschiedlichen Personen geführt haben, um aus verschiedenen Perspektiven ein komplexes Bild zu erhalten, als multinarratives Gewebe um politische Ereignisse.

some democratic fictions fand an Orten wie Kairo, Athen, Tel Aviv, Jerusalem, Beirut und vielen anderen statt. Wie ist es möglich, in politisch aufgeladenen, konfliktreichen Kontexten zu arbeiten?

Diese Frage der Verantwortung stellt sich immer wieder: In welche Gefahr bringt man Menschen, mit denen man spricht und arbeitet? 2015 habe ich begleitend zu der Installation *thoughts meet space cairo* im leerstehenden Hotel Viennoise

Künstler:innen eingeladen, in einem Salon ihre Arbeiten und Methoden öffentlich vorzustellen. Kurz bevor wir die Installation eröffnet haben, wurde die junge Journalistin Shaimaa al-Sabbagh zweihundert Meter von dem Ort in Downtown, wo wir gearbeitet haben, erschossen. Das war erschütternd. Sie wollte gemeinsam mit anderen zur Erinnerung an die Opfer der Revolution einen Kranz an einem Denkmal niederlegen, als sie von einem Scharfschützen der Polizei erschossen wurde. Der junge Künstler Ezz Darwish hat das in seinem Beitrag aufgegriffen. Es war gefährlich, das zu thematisieren – also stellt man sich die Frage: In welchem Rahmen ist etwas möglich oder darf sich etwas artikulieren?

Aber generell: Wir haben uns damals entschieden, zu bleiben und verantwortungsvoll mit der Situation und dem gesammelten Interviewmaterial umzugehen, wissend, wir können jederzeit abhauen, die anderen aber nicht.

Lassen dich solche Ereignisse an deiner Arbeit zweifeln? Wenn wir an Susan Sontag denken, die ja die Linie zwischen Mittäter:innen und Empathie als »Akt der Nicht-Einmischung« problematisiert.

Man muss sich das von Situation zu Situation immer wieder fragen. Damals ging es in Kairo um einen Raum, in dem etwas geteilt und diskutiert werden konnte, ohne Leute in Gefahr zu bringen.

Ist die Behauptung möglich, dass Kunst zur Realität vordringt?

Ich weiß nicht, aber es ist immer die Frage, wie weit man vorstoßen kann. Welche Wirksamkeit kann ich auf welcher Ebene erzeugen? Politischer Aktionismus kann ein Totschlagargument gegenüber jeglicher Form von Kunst werden oder dringend notwendig sein. Das muss man immer wieder neu erörtern. Wenn die Denkweisen sich von kriegerischen Auseinandersetzungen in Geiselhaft nehmen lassen, können wir anderes Denken und Handeln nicht mehr üben. Solange es möglich ist, mit Hilfe der Kunst Dinge zu entwickeln und Handlungsfelder zu öffnen, sind es notwendige Artikulationen, die anderes Handeln, zumindest in diesem geschützten Raum der Kunst, zulassen. Auch wenn dieser geschützte Raum paradox ist, gemessen an anderen gesellschaftlichen Realitäten. Wenn ich versuche, diese Widersprüche auszuhalten, ohne die Augen zu verschließen, und ich trotz alledem bestimmte Setzungen mache und somit Räume und Beteiligungen schaffe, die diese anderen Formen von Aktionen und Zusammenhängen verhandeln, dann, denke ich, bin ich wirkungsvoll. Man ist ständig in Paradoxen gefangen. Das Ausmaß von Gewalt und Zerstörung, ausgelöst durch unsere westliche Zivilisation, ist unermesslich – und wir sind Teil dieses Systems, das pervers ist. Wie kann ich trotzdem versuchen, andere Denk- und Handlungsorte zu erobern und zu teilen?

So beschreibst du auch den Werkkomplex von *IDEAL PARADISE*: Einüben zukünftiger Gesellschaften. Was ist für dich das *ideal paradise*?

Schon 2014 bei *what about catastrophes?* und *catastrophic paradise* ging es um die Architektur des Paradieses als Wunsch-Architektur des Christentums und auch um ein Modell unserer westlichen, demokratischen Gesellschaften. Das Paradies ist ein Raum mit einer zweifachen Grenze: nach außen und nach innen. Und wenn man die Regeln nicht einhält, wird man rausgeworfen. Mich interessieren Formen von Gewalt, Kannibalismus im christlichen Denken und dem anderer Kulturen sowie die Frage:

catastrophic paradise, Düsseldorf, 2014

Wie könnten zukünftige Gesellschaften aussehen? Und wen oder was begreifen wir als Teil dieser Gesellschaften?

Im Weltmuseum Wien hast du die Stimmen aus den Interviews, die du zuvor gesammelt hattest, mit Objekten der Sammlung konfrontiert.

Das Museum war wegen des Umbaus leer. Ich konnte mich zwei Monate mit der Sammlung auseinandersetzen. Ich habe versucht, der Museumssammlung andere Objekte »unterzujubeln« und die »stummen« oder beschrifteten Objekte über Sounds zum Sprechen zu bringen.

IDEAL PARADISE war ein interessanter Kipppunkt, weil es einerseits unsere Interview-Sammlung gab und andererseits die »sprechenden« Objekte, die eine eigene Materialität hatten und im Regime einer Museumssammlung kontextualisiert wurden, zugleich aber auch selbst sprachen. Darüber hat sich sehr viel verändert in meiner Arbeit, denn nun entstand ein Blick in andere materielle Kulturen.

Danach, 2015, seid ihr in die Stadt gegangen: *urban laboratory*?

Es ging um die Co-Nutzung von Räumen, die bereits benutzt wurden. Ziel war es, genau daraus etwas zu entwickeln – Räume, aber auch die eigene künstlerische Praxis zu untersuchen.

Es sollten die verschiedenen Teile des *IDEAL-PARADISE*-Zyklus zusammengeführt werden. Aufgrund des Syrienkrieges flüchteten viele Menschen Asyl suchend nach Europa, nach Wien. Alle Räume, die uns für die Arbeit zugesagt waren, wurden zu Flüchtlingsunterkünften. Kunst traf so auf politische Realität. So hatten wir keinen Raum und versuchten, dies als künstlerische Bedingung ergreifend, nomadisch in der Stadt zu arbeiten, lernend an der Wirklichkeit.

Die spezifische Arbeit mit Raum ist Teil eines inzwischen komplexen Systems von Methoden und Praktiken. Als »Theater der Kombinatorik« hatte Bertrand Tappolet diese Arbeitsweise bereits 1998 in *Théâtre Public* beschrieben.

Räume sind für mich Co-Autoren der Arbeit. Ich benötige Räume als Gegenüber. Der Artikel von Bertrand eröffnet eine Perspektive, wie dieses *théâtre combinatoire,* combinat auch mit c, weiterbestehen kann als methodischer Zugriff, indem die Kombinatorik das entstehende Material immer wieder zueinander befragt. Deshalb gibt es Medienwechsel, Orts- oder Genrewechsel, die für mich wichtig sind. Die mediale Übertragung bringt immer einen neuen Widerstand von Material und eine eigene Artikulation hervor und darüber begreife ich erst das Medium.

Du verwendest in deiner Arbeit fast alle denkbaren Formate wie Bücher, Filme, Installationen, Objekte, Akustik, Tanz – was lässt dich ein bestimmtes Medium wählen, wenn du dich mit einem neuen Thema beschäftigst?

Oft ist die Wahl des Mediums eine Reaktion auf die vorherige Arbeit. Weiterführung oder Abstoßung, aber inzwischen ist ein Material-Repertoire entstanden – Haare, Stoffe, Schaumstoff, Sounds, Organe, Knochen ... –, das sich verändert oder erweitert wird durch Fragestellungen, Texte, Umgebungen, Orte. Die Arbeiten verbinden sich, weil ich Materialien mitnehme und an andere Orte, in andere Arbeiten trage. Die Materialien sind Spuren von Arbeiten, Menschen und Umgebungen.

In Jakarta hast du 2020 *the last IDEAL PARADISE* in einer Neubearbeitung wieder aufgeführt. Bevor du nach Jakarta gefahren bist, hast du in einem Video gesagt: »Es wird dort etwas passieren, was alles verändert danach.«

In Jakarta gibt es ein anderes Verständnis von Ereignissen. Wenn dort der Strom ausfällt, ist das nicht nur eine technische Panne. Es ist nicht einfach ein defektes Kabel, sondern es sind auch Geister, die mit uns sprechen. Das führt zum Teil zu aberwitzigen Situationen. Diese Übergänge zwischen verschiedenen Denkweisen, die dort selbstverständlich miteinander verbunden sind, haben mein Weltverständnis verändert.

In deinem Solo *ORACLE and SACRIFICE* (2020) gehst du mit einem Organ, einer Leber, ein Pas de deux ein. Kommt dieses

dominant powers, que faire alors?, Tunis, 2012

intensive Forschen am Orakel und am Organ, das mit der 2022
begonnenen Reihe *ORGAN/ismus – poetik der relationen* nach
wie vor anhält, auch daher? Wo liegt das Potential des Orakels?

Das Kennenlernen dieser animistischen, synkretistischen Kultur öffnet eine andere Kosmologie, eine andere Ökologie, einen
Dialog mit der Umwelt und dem Nicht-Menschlichen. Die Et-
rusker und Babylonier haben ihre Kosmologie auf eine Leber
übertragen, aus der sie die Zukunft lasen – Weltgefüge im Körper
eines Tieres. Wir haben Wissen verloren. Zum Beispiel wurde
der Atem verstanden als aus der Leber aufsteigender Rauch, oder
die Leber war das zentrale Organ. Die Leber hat das Orakel für
mich eröffnet, auch als eine Art von Schrift auf einem Organ, die
aber nicht eindeutig ist. Welche Form von Übersetzung passiert,
wenn Materie Wissen hat und Auskunft über größere Zusam-

menhänge und die Zukunft geben kann? Materie trägt Wissen in sich. Haruspizien – Priester, die aus Eingeweiden lesen – durften die ganze Nacht nicht essen. Das Opfer fand statt, wenn die Sonne aufging, mit durch Getreide gereinigtem Mund flüsterten sie dem Tier die Orakel-Frage ins Ohr. Dann wurde es getötet, geöffnet und seine Eingeweide wurden beschaut. Durch die Sonnenstrahlen, die die Organe berührten, sah man den Willen der Götter. Ein ökologisches Denken.

Bei einem Opfer braucht es ja auch einen Täter. Warum hältst du an dem Opferbegriff fest?

Mich haben die Blutopfer interessiert. Wie kann man mit dieser Grenze verfahren, dass diese Form von Gewaltausübung legitim ist und andere Formen von Gewalt nicht? Wie wir als Gesellschaft mit Gewalt umgehen oder mit Gewalt-Verboten bzw. mit Ausgrenzung von Gewalt, ist verlogen und die Form der Gewaltausübung, als *long or soft violence*, ist massiv. Wir verschieben Gewalt, bis sie gar nicht mehr als solche wahrgenommen wird. Das hat auch mit dem Tod bzw. dem Sterben zu tun, das wir nicht gelernt haben. Alles, was mit Endlichkeit und Gewalt zu tun hat, wird ausgegrenzt oder soll woanders stattfinden. Diese Leerstellen haben mit unserer gesellschaftlichen Wirklichkeit zu tun. Es ist zum Beispiel unbegreifbar, in welcher Sprache bei der Wannseekonferenz über die »Endlösung« nachgedacht wurde, die mehr als sechs Millionen europäischer Juden das Leben kostete. Diese Verschiebung zu industrialisierter Gewalt, zu verwalteter Gewalt, ist der Kern des europäischen Kolonialismus.

In _ORACLE and SACRIFICE_ hast du das Denken mit dem eigenen Körper zur Disposition gestellt. In welchem Zusammenhang stellst du dabei deinen eigenen Körper?

Wenn jemand sich bewegt, sieht man das ganze Leben. Man sieht im Körper, in der Bewegung das Leben und das Verhältnis zur Welt. In vielen meiner Arbeiten war mein Körper besetzt von den Körpern derer, mit denen ich arbeitete, über das »körperliche Lesen« in ihren Muskulaturen und Haltungen. Das Solo war eine Wiederaneignung meines Körpers und ein Versuch, an eine andere Form des Kunstmachens heranzukommen. Nicht über Vermittlung durch Worte, sondern als unmittelbares Umsetzen in Bewegungen und Handlungen.

Ein Dialog mit dir selbst?

Auch eine Begegnung mit einem Raum und Materialien. Als Gegenwart körperlichen Denkens und Agierens mit den Dingen und Organen. Ich wollte auf den Moment reagieren, agieren, mich affizieren lassen. Eine offene Begegnung, die dann eine Struktur gefunden hat, aber auch dem Irrationalen und dem Intuitiven Raum lässt.

War das etwas, in das du erst hineinfinden musstest?

Ich habe eine tägliche Praxis mit meinem Körper. Konzentration ist für mich wichtig, um woanders hinzugelangen im künstlerischen Artikulieren, um andere Wirklichkeiten möglich zu machen. Konzentration ist wie Intensivierung und Verfremdung zugleich. Wenn ich unterrichte oder probe, sage ich: *Offer yourself to yourself* – als offene Begegnung mit sich und den unterschiedlichen muskulären Bewegungseinheiten: Gewicht, Spannung, Verspannung, Atem – als neugieriger Ausgangspunkt für künstlerische Artikulation.

Artikulation, eine Partitur – du folgst der Stimme, deinem muskulären Denken, deinen Zuständen, deinen Aggregatzuständen ...

In *ORACLE and SACRIFICE* schuf ich mir ein Spielfeld mit Objekten, Narrativen, Materialien und Texten. Die sich ergebenden Motive versuchte ich dann körperlich zu verstehen. Später begann ich, mögliche Abläufe zu bauen, kompositorisch und räumlich – immer mit Aufmerksamkeit auf die beteiligten Organe, Dinge, Kabel, als Vorbereitung für den performativen Dialog. Die beteiligten Elemente haben immer wieder anders gesprochen mit mir.

Das war von markanter Intensität. Man konnte ein Staunen teilen, und das war großartig: In dem Moment haben wir uns versammelt! Dieser unvorhergesehene Moment, die Läsion in der Oberfläche, von der du sprichst. Ein geistiges, körperliches und muskuläres Bereitmachen für einen Moment, aus dem heraus alles entsteht?

Ja. Und wo empathische Prozesse stattfinden können. Man muss Entscheidungen treffen und die Assoziationen müssen durch den Körper durchdürfen, während er sich auf eine Handlung konzentriert. Das ist dieses »Andere«, was nicht dargestellt wird, das aber mit anwesend ist. Das ist mir wichtig, auch wenn ich mit anderen arbeite, aber es ist unglaublich schwer: Es ist änderbar und nichts ist gegeben. Jeder Schritt muss eine bestimmte Berührung wiederherstellen. Das hat viel mit Gegenwärtigkeit zu tun.

Wie trägt die Stimme dazu bei?

In der Stimme gibt es unterschiedliche Stimm-Orte, die man aufsuchen kann. Das gesprochene Wort, aus dem auch der Körper klingt und das ihn verändert. In der Stimme klingt die spezifische muskuläre Versammlung dieses Körpers im Moment.

Schwingung.

Unterschiedliche Körper-Orte oder Körperversammlungen, die mit dem Atem zu tun haben und das Innere mit dem Äußeren verbinden. Oder die Stelle, an der die Stimme fast bricht. Damit arbeite ich häufig.

Kontrolle und Kontrollverlust?

Genau. Das Aufrufen von bestimmten Orten im Körper, die eine große Fragilität haben, aber immer noch kontrolliert werden in diesem Fast-Entweichen.

Wie steht das im Verhältnis zu Pause, Stille, Stimmlosigkeit und Schweigen?

Eine der jüngsten Arbeiten vom Februar 2022, *the assembly of different beings*, als ein Teil von *commune 1-73*, war ohne Sprache. Es gab Geräusche, Naturgeräusche, eine Windmaschine, aber es wurde nicht gesprochen. Es war eine Stille, die keine war, denn es gibt keine Stille, sie macht immer etwas anderes hörbar, sei es das eigene Ohrrauschen oder die anderen Geräusche, die plötzlich zu kompositorischen Einsätzen werden und einen Raum rhythmisieren. Für mich war bemerkenswert, dass ich zwar ein Stück ohne Worte gemacht habe, aber die beteiligte Materie, wie Steine, Knochen, Erden etc., gesprochen hat.

Du hast anfangs gesagt, du befindest dich im Übergang, auf der Suche nach künstlerischen Praktiken, die andere Spezies

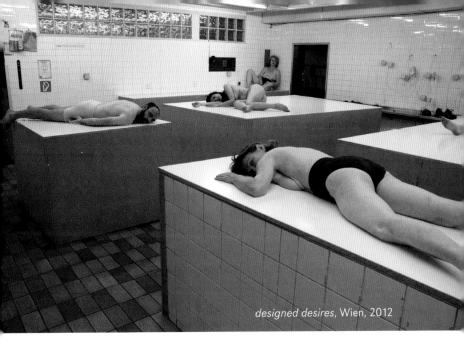

designed desires, Wien, 2012

und nicht-menschliche Akteure einbeziehen. Steine, Knochen, Erden, Pflanzen – inwieweit können sie einen Ausgangspunkt für ein anderes In-der-Welt-Sein bilden?

Das Theater kommt aus der Landschaft, aus dem Ritual, aus den Räumen zwischen den Rändern der Städte und den nur teils kontrollierbaren Umgebungen. Heute ein Theater in der Landschaft oder im Wald zu entwickeln, bedeutet die Weisen des Zusammenlebens an diesen immer schon bewohnten Orten miteinzubeziehen. Diese Orte sind belebt, im ständigen Werden und Vergehen haben sie ihre Zeit der Transformationen. Sie existieren so, weil sich viele verschiedenartige Akteure in einem komplexen Gefüge und ökologischen Zusammenspiel Stoffe und den Raum teilen; dem Wetter und den Jahreszeiten ausgesetzt, verändern sie sich ständig und »werden« zu einer Landschaft.

Wenn wir heute an die Grenzen unserer politischen Imagination kommen oder bemerken, wie unsere Überzeugungen sich kannibalisieren, müssen wir vielleicht die Orte verändern, von denen aus wir Gesellschaft denken. Wir müssen unsere Endlichkeit akzeptieren und versuchen, die anderen Multi-Spezies-Perspektiven miteinzubeziehen als Erweiterungen des Politischen und unserer Welt. Für mich ist das ein Lernen über genaue Beobachtung von Umgebungen, den anderen Weisen der Koexistenz, der Transspezies-Kooperationen, Kohabitation, der Zeit ihrer Veränderungen und Abhängigkeiten.

Auch unsere Körper sind von vielen Organismen, Viren und Bakterien besiedelt. Wir sind sie. Wir teilen sie. Wir sind auch Lebensraum der Kooperationen in und um uns. Porös, dem Außen geöffnet, durchlässig. Unsere Körper sind Wanderpfade für andere, die Umgebungen verändern und aufnehmen. Dieses Denken der Verbundenheit und Abhängigkeit mit allen mikroskopisch kleinen und größeren Akteuren erweitert bestehendes Wissen und dessen Bezüge und verändert somit das In-der-Welt-Sein, als Gefüge und Verantwortlichkeit gegenüber allen anderen.

Ich möchte dies zum veränderbaren Horizont meiner Kunst machen und über Physik, Botanik, Mikrobiologie und Philosophie hinaus dazulernen und verstehen, dass die politische Ideologie sich immer in alle Wissenschaften einschreibt und Wissen verändert und zugleich andere Wissensformen, auch vorkoloniales Wissen, gleichwertig sind. So muss sich in den Landschaften meine Praxis verändern und erweitern.

Markiert dieser Lernprozess auch eine Zäsur in deinen Arbeitsweisen? In deiner jüngsten Arbeit, *ORACLE and SACRIFICE in the woods*, die in den Wiener Praterauen 2022 stattfand, konnte man erleben, wie Ökologie und Poesie sich miteinander verbin-

den. Welche Rolle spielen naturwissenschaftliche Forschungen für deine künstlerische Praxis?

Ich habe bei *ORACLE and SACRIFICE in the woods* wie schon oft mit einem Chor gearbeitet, nur mit dem entscheidenden Unterschied, dass mitunter auch Bäume Teil des Chores waren. Ich habe versucht, ökologisches Denken mit Wissenschaft und Mythologie zu verknüpfen, um neue Mythologien und neue Narrative zu entwickeln, die die Zeit der Geister mit der Zeit des Zerfalls von totem Holz, mit Xenobots, die als hybride Zellen organisch abbaubare Mikro-Roboter sind, zu verknüpfen. Hier fand keine Isolation der verschiedenen Erkenntnisweisen, sondern deren Verwebung als mögliche Verknüpfung und gegenseitige Befragung von Gewissheiten statt. Diese Praxis fordert auch, sich selbst den Landschaften auszusetzen und sich der Zeit der Steine auszuliefern oder zumindest zu versuchen, sich der geologischen Zeit der Veränderung unseres Planeten zu öffnen und andererseits die Technologien, die Maschinen, die verschiedenen digitalen Räume und deren mögliche translokale Verbindungen miteinzubeziehen. Das ist eine große Veränderung.

Sprechen wir noch über die Zukunft. Du hast mit einer *Public Performance School* und einer translokalen Akademie gänzlich neue Formate ins Leben gerufen. Wohin zielt dieser Versuch mit *ORGAN/ismus – poetik der relationen*, deinem aktuellen, 2022 begonnenen Zyklus?

In der *Public Performance School* vermittle ich in Modulen performative Techniken meiner grundlegenden Methoden an eine Gruppe von zwanzig Teilnehmer:innen – Laien und Profis – zwischen 19 und 87 Jahre alt. Die Durchmengung von Öffentlichkeiten, von Generationen und Interessen finde ich wichtig, weil ge-

BURNING BEASTS, Frankfurt, 2012

nau an diesen Zwischenorten etwas Neues passieren kann. Was der Körper weiß, aber auch die Haltung zum Leben, ist sehr unterschiedlich, auch die Haltung zur Welt, und wenn diese miteinander in einen Dialog durch eine künstlerische Praxis geraten, ist das aufregend und erweiternd für alle Beteiligten, voneinander lernend. Es geht darum, neue künstlerische Organismen zu schaffen. Die *translocal performative academy for space related performative practice,* TPA, ermöglicht einen Austausch parallel stattfindender lokaler Arbeitsprozesse auf unterschiedlichen Kontinenten in einem dafür entwickelten digitalen Raum, der unser translokaler Meeting Space ist, kontinuierlich ergänzt mit einmal jährlich stattfindenden, analogen Zusammenkünften an wechselnden Orten zwischen Europa und Südostasien. Dadurch sollen neue künstlerische Methoden, auch geteiltes organisatorisches Wissen entstehen, lernend von den verschiedenen lokalen

Konstellationen. Die Erfindung von Strukturen und neue Kooperationen sind weiterere Schwerpunkte. Es stellt sich die Frage:
Welche Strukturen haben wir als Künstler:innen eigentlich selbst
in der Hand? Es benötigt alternative Zusammenschlüsse und
Orte, wo Künstler:innen aus ihren Agenden heraus alternative
Räume und Kooperationen erfinden und nicht nur eingepasst
werden in ein verwaltetes System der Kunstinstitutionen. Diese
Verwaltbarkeit von Kunst wird immer stärker. Wo gibt es Orte
zum Erfinden und auch einer gegenseitigen Verantwortlichkeit
oder einer strukturellen Ermächtigung, die dann andere Arbeiten
und andere Kollaborationen ermöglichen?

Es geht um Autonomie?

Ja, es geht um Autonomie, künstlerischen Austausch, Selbstorganisation und zugleich um Kooperationen mit interessanten
Institutionen, ohne sich in deren Strukturen einverleiben zu
lassen. Es geht um das Schaffen von Räumen, Öffentlichkeit
und Möglichkeitsräumen sowie das Erhalten von künstlerischer
Handlungsfähigkeit. Handlungsfähigkeit und Vielschichtigkeit,
in der Hoffnung, dass die Dinge sich verknüpfen, anders bün-
deln oder Formate initiieren, die sich verselbständigen und die
man neugierig beobachten und weiterverfolgen kann.

**Hast du das Gefühl, dass du mit diesem Bedürfnis ziemlich al-
lein dastehst, oder ist das eine Dynamik der Zeit?**

Wenn wir Künstler:innen uns anders organisieren, können wir
anderes Wissen, andere Techniken, Themen, Formate, Werte,
Aufenthaltsorte und Produktionsräume für die Kunst erschaf-
fen. Beim Umsetzen können wir lernen. Immer wenn etwas
nicht glatt ist, ergibt sich daraus die Chance, etwas Neues zu

lernen – wenn man die Störung näher betrachtet. Die Kunst, die wir produzieren, spiegelt die Strukturen, in denen wir produzieren. Deshalb sind wir aufgefordert, andere Strukturen zu erfinden, diese zu behaupten und sie umzusetzen, wenn wir eine andere Kunst machen möchten.

Das Gespräch basiert auf einem Interview, das Felicitas Thun-Hohenstein mit Claudia Bosse im Februar 2021 in Wien führte.

Felicitas Thun-Hohenstein ist Kuratorin, Kunsthistorikerin und Professorin am Institut für Kunst- und Kulturwissenschaften an der Akademie der bildenden Künste in Wien. Ihre Forschungsfelder beinhalten Kunst der Moderne, Gegenwartskunst, Arts-based Research, feministische Theorie und Kunstpraxis sowie Körper- und Raumproduktion. 2019 kuratierte sie mit Renate Bertlmann die Installation *Discordo ergo sum* für den Österreichischen Pavillon auf der 58. Biennale von Venedig.

the tears of stalin, Prag, 2011

Werk-
verzeichnis

Abkürzungen:

A: Assistenz **AD:** Administration
AU: Aufführung(en) **B:** Beratung
C: Choreografie **CH:** Chor **D:** Dramaturgie **DE:** Deutschland **DO:** Dokumentation **EA:** Erstaufführung **F:** Foto
G: Gast **I:** Installation **INT:** Intervention
K: Konzept **KL:** Künstlerische Leitung
KO: Komposition **KOL:** Kollaboration
KOM: Kommunikation **KOO:** Koordination **KOS:** Kostüm **KP:** Koproduktion
KR: Klangregie **KU:** Kuration
LE: Lautsprecherentwicklung **LI:** Licht
M: Mitarbeit **MA:** Maske **ME:** Medien
O: Objekte **Ö:** Öffentlichkeitsarbeit/
Presse **OE:** Outside Eye **P:** Produktion
PAR: Partner, Unterstützung
PER: Performer:in **PR:** Praktikum, Hospitanz **PL:** Produktionsleitung **R:** Regie
RAU: Raum **RE:** Recherche **REC:** Rechte
S: Sound **SC:** Schnitt **T:** Text **TAN:** Tanz
TE: Technik **TI:** Theorie Intervention
TL: Technische Leitung **TO:** Ton **TR:** Training **UA:** Uraufführung **Ü:** Übersetzung
V: Videodokumentation

Zyklen und Serien:

① produktion des raumes (2004–2005)
② tragödienproduzenten (2006–2009)
③ politische hybride (2010–2020)
④ thoughts meet space (2013–2016)
⑤ (katastrophen 11/15) ideal paradise (2015–2020)
⑥ oracle and sacrifice (ab 2020)
⑦ ORGAN/ismus – poetik der relationen (ab 2022)
(Vollständiges Werkverzeichnis:
https://theatercombinat.com)

1996

moi, maude ou la malvivante
Theater
Die Stückentwicklung in Zusammenarbeit mit der Schweizer Autorin Sylviane Dupuis verhandelt Gesellschaft, Moral, soziale Utopien und einen Elternmord unter Verwendung weiterer Texte von Jürgen Bartsch, Michel Foucault und Boris Cyrulnik in einem offenen, für die Besucher:innen begehbaren, installativen Raumsetting.
R, RAU: Claudia Bosse. **PER:** Barbara Baker, Armand Deladoëy, Jerome Deslarzes, Camille Giacobino, Noemi Lapzeson, Pierre Perrotton, Theo Meister/ Alexis Moeckli, Daniel Wolf. **MA:** Silke Rosenthal. **LI, RAU:** Jean-Michel Broillet. **T, M:** Sylviane Dupuis **UA:** 28. 5. 1996, Théâtre du Grütli, Genf

1997

sinn egal. körper zwecklos
Theatrale Versuchsanordnung
Die »Jelinek-Aktion« setzt die Dauer des Festivals mit der Arbeitszeit gleich. In mehreren Räumen des Berliner Podewil wird öffentlich gelebt, tagsüber geschlafen, nachts geprobt. In jeweils unterschiedlichen räumlichen, performativen und partizipativen Settings werden drei Performances als Annäherungen an den Text jeweils um Mitternacht öffentlich.
R, K, PER: Claudia Bosse, Dominika Duchnik, Heike Müller, Silke Rosenthal.

T: *Elfriede Jelinek.* **G:** *Angelika Sautter, Nachbarn, Verwandte.* **UA:** *5. 5. – 11. 5. 1997, Podewil, Berlin*

mauser
Chorisches Theater
Im Rahmen einer siebenmonatigen Künstler:innenresidenz werden mit dem Theatertext von Heiner Müller chorische Arbeitsweisen, Körper, Sprache und Architektur erforscht, um die Produktions- und Rezeptionsweisen im Gegenwartstheater radikal infrage zu stellen. Sieben unterschiedliche Veröffentlichungen in einer Klosterruine zu täglich versetzten Anfangszeiten fordern die Theaterkonventionen heraus.
R, K, PER: *Claudia Bosse, Dominika Duchnik, Heike Müller, Silke Rosenthal.* **T:** *Heiner Müller.* **G:** *Andreas Pronegg.* **AU:** *22. 6. – 26. 6. 1997, Klosterruine/ Podewil, Berlin*

ich, maude oder la malvivante
Theater
Die Stückentwicklung als Teil einer carte blanche an Claudia Bosse in Zusammenarbeit mit der Schweizer Autorin Sylviane Dupuis für das Théâtre du Grütli in Genf verhandelt Gesellschaft, Moral, soziale Utopien und einen Elternmord unter Verwendung weiterer Texte von Jürgen Bartsch, Michel Foucault und Boris Cyrulnik in einem offenen, für die Besucher:innen begehbaren, installativen Raumsetting.
R, RAU: *Claudia Bosse.* **PER:** *Barbara Baker, Armand Deladoëy, Dominika*

Duchnik, Christian Maria Goebel, Ronnie Marzillier, Heike Müller, Silke Rosenthal, Angelika Sautter (Berlin); Christine Standfest (Dresden). **LI, RAU:** *Jean-Michel Broillet (Genf).* **T:** *Sylviane Dupuis.* **D-A, DO:** *Christine Standfest.* **UA:** *28. 5. 1996, Théâtre du Grütli, Genf.* **DE:** *13. 9. 1997, Podewil, Berlin. 1. 10. 1997, Festspielhaus Hellerau, Dresden*

1998

fatzer-fragment
Theater, Arbeit mit Chor
Ausgehend von Brechts umfangreichem Fragment, das erstmals vollständig ins Französische übersetzt wird, wendet die Inszenierung den Charakter des Fragmentarischen auf die Theatermittel an: Alle Spieler:innen können mit dem gesamten Text als Material arbeiten. 18 Aufführungen mit jeweils unterschiedlicher Versuchsanordnung, wovon die letzte das Ende des Arbeitsprozesses bedeutet.
R: *Claudia Bosse.* **RAU:** *Josef Szeiler.* **T:** *Bertolt Brecht.* **Ü:** *Francois Rey, Sylviane Dupuis, Claudia Bosse, Maya Bösch.* **PER:** *Maya Bösch, Pascal Francfort, Camille Giacobino, Sandra Heyn, Mathieu Loth, Anne Marchand, Heike Müller, Renaud Serraz, Fabienne Schnorf, Christine Standfest.* **LI:** *Jean-Michel Broillet.* **F:** *Hélène Göhring, Thomas Deschamps.* **B:** *Michèle Pralong.* **AU:** *2. 6. – 21. 6. 1998, Théâtre du Grütli, Genf*

2000

massakermykene
Zweijähriges
Chor-Projekt
Großangelegte, über
zwei Jahre dauernde
Forschungsarbeit auf einem 50 000 m²
großen, leerstehenden Schlachthofgelände. Die *Orestie* von Aischylos trifft
auf Brechts *Fatzer*-Fragment. Entlang
der Texte wird mit unterschiedlichen
Chor-Modellen in der weiträumigen Architektur experimentiert. Nach verschiedenen öffentlichen »Versuchen« ist der
Abschluss eine 36-stündige Aufführung.
K, R: *Claudia Bosse, Josef Szeiler.*
T: *Bertolt Brecht, Aischylos, Heiner*
Müller. **PER, M:** *Markus Keim, Andreas*
Pronegg, Christine Standfest, Doreen
Uhlig, Kristina Zoufaly. **G:** *Maya Bösch.*
F: *Christian Koblizek, Hélène Göhring.*
KOS: *Edwina Hörl.* **TR:** *Wang Dongfeng,*
Bert Gstettner, Loulou Omer, Sonja
Schmidlehner. **Temporär:** *Bernadette*
Konzett, Susanne Meier, Christian
Ofenbauer, Arno Rabl, Tina Seezen.
B-T: *Georg Danek.* **AU:** *3. 11. 2000*
(18 Uhr) –5. 11. 2000 (6 Uhr), Schlacht
hof St. Marx, Wien

2001

SIEBEN
Ortsspezifische,
nomadische
öffentliche Lesung
Sieben Tage und Nächte wird das Alte Testament in der Übersetzung von Buber Rosenzweig zugleich
an sieben Orten an öffentlichen Plätzen und in einem Bus, der durch die
Landschaft und Dörfer fährt, gemeinsam mit mehr als 100 Bewohner:innen
des Mühlviertels gelesen.
K, KO: *Claudia Bosse, Markus Keim,*
Andreas Pronegg, Christine Standfest,
Josef Szeiler. **G:** *Samuel Zach u. v. a.*
AU: *23. 6.–30. 6. 2001, Mühlviertel,*
Österreich, im Rahmen von »Festival der
Regionen«

2002

anatomie sade/
wittgenstein
Choreografische
Theaterarbeit in
3 Architekturen
Mit dieser zweijährigen Körperforschung, inspiriert von Texten Marquis
de Sades und Ludwig Wittgensteins,
entstehen Performances an der
Schnittstelle von Tanz, Theater und
bildender Kunst für eine leerstehende
Architektur, einen Rohbau während der
Bauarbeiten und einen Theaterraum.
Eine achtstündige Performance über
fünf Etagen des Rohbaus, begleitet von
Theoretikern, schloss mit einem Frühstück gemeinsam mit den Bauarbeitern ab, wobei die Version fürs Theater
auch alle Nebenräume bespielte.
K, C, Rau: *Claudia Bosse.* **C, PER:**
Markus Keim, Andreas Pronegg, Chris
tine Standfest, Doris Uhlich. **G:** *Maya*
Bösch. **Schrift:** *Martina Luef.* **Kontext:**
Gin Müller, Anne Schülke. **de Sade-**
Lesende: *Ingrid Radauer, Susanne*
Peterka, Uschi Halmagyi, Ilse Urbanek,
Elfi Sus. **Wittgenstein-Lesender:** *Luka*
Bosse. **TR:** *Milli Bitterli, Georg Blaschke,*
Christine Kono, Loulou Omer, Ivan
Wolfe. **TI:** *Michael Pfister, Stefan Zweifel,*

Waltraud Ernst, Birgit Peter, Felicitas Thun-Hohenstein, Georg Danek, Gerald Raunig, Prof. Ralf Schindler, Queen of Darkroom, Johnny Winter. **AU:** 26. 4. 2002 Ehemalige Lederfabrik, Johannasse 2, Wien, 10/2002–11/2002 IP-TWO, Lerchenfelder Gürtel, 7. 2. 2003 Wien, Halle G, Museumsquartier, Wien

SCHLAFgegen düsseldorf
Soziale Skulptur
Für fünf Tage und Nächte sollen die Düsseldorfer:innen ihre Arbeit niederlegen. Dazu wird am Rheinufer eine Stadtschlafinstallation aus 99 Schlafobjekten zur freien Benutzung errichtet. Im Foyer der Installation finden jeweils mitternachts Performances und Lectures zum Phänomen Schlaf, zu Fragen der Arbeitsgesellschaft und zum Stadtraum statt. **KL:** Claudia Bosse. **K:** Claudia Bosse, Gin Müller. **M:** Markus Keim, Gini Müller, Anne Schülke, Christine Standfest u. v. a. **TI:** Frank M. Raddatz, Roland Popp, Miriam Schaub, Mathias Gondorf, Prof. Jean Haan, Dirk Baecker, Ulrike Haß, Norbert Bolz, Barbara Gronau, Antonia Frey, Reinhold Knopp, G. C. Wagner, Erasmus Eller, Franz Liebl, Bruder Matthäus, Nihat Öztürk, Luisa Goergen. **AU:** 24.–28. 6. 2002 im Rahmen von City-Mapping/FFT – Forum Freies Theater Düsseldorf, Theater der Welt 2002

madcc psukb geht mit floridsdorfern für 50 € essen
Urbane Intervention
Als eine von 23 Künstler:innen wird Claudia Bosse

eingeladen, ein zehntägiges Projekt in einem der 23 Wiener Gemeindebezirke umzusetzen. Sie vervielfältigt sich mit Markus Keim, Andreas Pronegg, Christine Standfest, Doris Uhlich zu einem fiktiven Künstler-Subjekt. Gemeinsam sind sie madcc psukb und laden Bewohner:innen aus Floridsdorf ein, die vorgesehene Tagesgage von 50 Euro gemeinsam zu verkonsumieren.
K: Claudia Bosse, Markus Keim, Andreas Pronegg, Christine Standfest, Doris Uhlich. **AU:** 16. 5.–24. 5. 2002 im Rahmen von »Wien Umgehen«, Tanzquartier Wien

2003

mauser
Chorisches Theater
Die Architektur eines stillgelegten 3000-Plätze-Schwimmstadions aus den 1970er-Jahren wird zum Schauplatz einer europäischen Koproduktion, die Heiner Müllers Theatertext zusammen mit Schauspieler:innen des Nationaltheaters Montenegro in einer raumgreifenden Sprach- und Bewegungs-Choreografie aus post-jugoslawischer Perspektive verhandelt.
R, RAU: Claudia Bosse. **T:** Heiner Müller, Marquis de Sade. **PER:** Ivan Bezmarević, Gojko Burzanović, Ivona Čović, Dejan Ivanić, Markus Keim, Žaklina Oštir, Nikola Perišić, Andreas Pronegg, Želimir Šošo, Christine Standfest, Doris Uhlich, Nada Vukčević, Ana Vujošecić, Uroš Zdjelar. **KOS:** Ivanka Prelević. **TR:** Doris Uhlich. **R-A:** Želko Sošić. **P-A:** Edin Jašarević. **V:** Damir Murseljević. **F:** Dirk Plamböck. **Ü:** Jelena Stanovnik. **Bearbeitung Ü:** Christine Standfest, Ana Vujošecić und

Ensemble. **G:** Nikolaus Müller-Schöll,
Philipp Gehmacher. **AU:** 3. 10. 2003, still-
gelegtes Schwimmstadion, Podgorica

2004

Belagerung Bartleby
*100 Stunden Installa-
tion als Belagerung
eines Theaters*
»I would prefer not
to« – ausgehend vom Schlüsselsatz in
Herman Melvilles *Bartleby*-Erzählung
entsteht ein 100 Stunden dauerndes
Labor, das sämtliche Übereinkünfte des
Theaterbetriebs zur Disposition stellt.
Das gesamte Theater – Bühne, Zuschauerraum, Ränge, Foyers – wird entkernt
und zu einer sich ständig verändernden
Raum-Schrift-Installation, in der Inter-
ventionen und Lectures ebenso wie die
Besucher:innen Spuren hinterlassen.
K, KL, RAU: *Claudia Bosse.* **Co-KU Lec-
tures, Interventionen:** *Stefanie Wen-
ner.* **PER:** *Maya Bösch, Claudia Bosse,
Swantje Henke, Lars Müller, Susanne
Sachsse, Kai Schiemenz, Oleg Soulimen-
ko, Peter Stamer, Doris Uhlich.* **TI:** *Dirk
Baecker, Büro für kognitiven Urbanis-
mus: Andreas Spiegl, Christian Teckert,
Wolfgang Ernst, Barbara Gronau, Hans-
Thies Lehmann, Ekkehard Koenig, Lukas
Matthaei, Kobe Matthys, Juliane Reben-
tisch, Walter Seitter, Christine Standfest,
Marcus Steinweg, Ralf Stoecker, Cornelia
Vismann und 173 participants.* **INT:**
*gut_2: Maix Mayer, Bettina Vismann;
dead letter office: Gerald Singer, Gini
Müller, Erik Steinbrecher, Robin Carpen-
ter, Uli Schuster.* **PR:** *Anna Mülter.* **A:**
Steffen Koehn, Paulina Papenfuß. **AU:**
21. 4. 2004–25. 4. 2004, HAU1 Berlin

mauser
Chorisches Theater
Die 2003 in Podgorica
(Montenegro) entwickel-
te Inszenierung wird für
die Hallen des Kampnagel-Geländes
in ein anderes räumliches Gefüge
überführt, mit dem die Möglichkeiten
des Transfers befragt werden: Die
Akteur:innen des *theatercombinat*
und die Schauspieler:innen des
Nationaltheaters Montenegro bilden
unterschiedlichsprachige Chöre für
zwei getrennte Räume, die durch
einen dritten Raum verbunden sind,
in dem Dokumentaraufnahmen aus
der Inszenierung in Podgorica gezeigt
werden.
R, RAU: *Claudia Bosse.* **T:** *Heiner Müller,
Marquis de Sade.* **PER:** *Ivan Bezmarević,
Gojko Burzanović, Ivona Čović, Dejan
Ivanić, Markus Keim, Žaklina Oštir, Niko-
la Perišić, Andreas Pronegg, Želimir Šošo,
Christine Standfest, Doris Uhlich, Nada
Vukčević, Ana Vujošević, Uroš Zdjelar.*
KOS: *Ivanka Prelević.* **TR:** *Doris Uhlich.*
R-A: *Želko Sošić.* **P-A:** *Edin Jašarević.*
V: *Damir Murseljević.* **F:** *Dirk Plamböck.*
Ü: *Jelena Stanovnik.* **AU:** *2. 6. 2004,
Kampnagel, Hamburg*

**firma
raumforschung** ①
Diskurs, Salon
Ein Ladenlokal wird zum
öffentlichen Diskurs-
raum, in dem Henri Lefebvres Raumbe-
griff (»Production of Space«) erforscht
wird. Der viermonatige Salon versammelt Beiträge aus Architektur, Kunst,
Philosophie, Stadtplanung, Soziologie,
Politik zu nächtlichen Diskussionen und

bringt Umdeutungen, Brüche und Differenzen im Umgang mit Raum hervor.
K: *Claudia Bosse, Markus Keim, Andreas Pronegg (bis 10/2004), Christine Standfest, Doris Uhlich.* **TI:** *Irina Kaldrack, Gerald Raunig, Stefan Nowotny, Barbara Imhof/LIQUIFER, Ernst Fuchs, Marie Therese Harnoncourt/theNextenterprise, Sonia Leimer, Johann Hödl, Florian Haydn, Jutta Kleedorfer, Günther Lackenbucher, Andreas Spiegl, Christian Teckert/Büro für Kognitiven Urbanismus, Daniel Aschwanden, Philipp Gehmacher, Felicitas Thun-Hohenstein, Christian Mayer, Martina Löw, Peter Rantasa, Elke Krusny, Volxtheaterkarawane, Irene Nierhaus.* **AU:** *6. 9.–20. 12. 2004, montagsclubRAUM, Wien*

2005

où est donc le tableau ①
Choreografisches Theater
76 Aufführungen in vier Versionen für je drei Beobachter:innen in unterschiedlichen Positionen mit Heiner Müllers *Bildbeschreibung* und Michel Foucaults *Die Hoffräulein*. Eine Versuchsanordnung zu Fragen von Gewalt, Bildern und der Zentralperspektive als choreografisches Theater in einem ehemaligen Supermarkt, der ein jüdisches Theater war.
R, RAU: *Claudia Bosse.* **T:** *Heiner Müller, Michel Foucault.* **PER:** *Markus Keim, Angela Schubot, Christine Standfest, Doris Uhlich.* **P:** *Christina Nägele.* **D-M:** *Gerald Singer.* **P-A:** *Tobias Gerber.* **UA:** *29. 3. 2005, Nestroyhof, Wien*

palais donaustadt ①
Urbane Intervention mit den Formaten ballet palais, camp der firma raumforschung, film im palais, picknick am wegesrand und archiv im palais
Eine Installation in einem urbanen Restraum auf über 10 000 m², gesäumt von Bauarbeiten und Neubauten, gibt den Rahmen für eine Choreografie, Kino, Konzerte, ein Diskurs-Camp. Aus einer Brachfläche wurde ein experimenteller Kunstraum. Methoden der Raumproduktion inspirieren die im Palais Donaustadt veröffentlichten Kunstformate.
I, K, KL: *Claudia Bosse.* **P, Ö:** *Christina Nägele.* **Ö, Kontext:** *Gerald Singer, Christine Standfest.* **RE, P-A:** *Tobias Gerber.* **PR:** *Elisabeth Bernroitner, Gwendolyn Sebald, Nadine Weber.* **B:** *Johnny Winter/BKK3.* **AU:** *2. 9.–30. 9. 2005, Kunstraum Donau City, Wien*

★ **ballett palais** ①
Choreografie
C, R: *Claudia Bosse.* **PER:** *Markus Keim, Julia Reinartz, Angela Schubot, Matthew Smith, Christine Standfest, Doris Uhlich.* **UA:** *2. 9. 2005*

★ **camp der firma raumforschung** ①
Diskurs-Camp
K: *Claudia Bosse.* **M:** *Christina Nägele, Christine Standfest, Christian Teckert.* **G:** *Sabine Bitter, Andrea Börner, Oliver Frey, Gabu Heindl, Irina Kaldrack, Christa Kamleithner, Rudolf Kohoutek,*

Bojana Kunst, Ralo Mayer, Bärbel Müller, Gini Müller, Georg Schöllhammer, Daniel Schürer, Peter Stamer, Christian Teckert, Bettina Vismann, Bernd Vlay, Helmut Weber. **AU:** 5. 9.–10. 9. 2005

★ **film im palais** ①
Freilichtkino
Kuration: Firma Raumforschung, Gerald Singer, Claudia Slanar, Christian Schulte. **KOO:** Gerald Singer.
AU: 5. 9.–26. 9. 2005

★ **picknick am wegesrand** ①
Ortsspezifische Konzerte
K: theatercombinat.
Picknick am Wegesrand/Peter Rantasa + Johanes Grois **G:** Hans Platzgumer, Cheap, Klein Records, iftaf, Martin Siewert, DJ Beware, Manfred Hofer, Karl Kilian, Karate Joe, Artonal, Mieze Medusa + Tenderboy, fluc, rhiz, Dubblestandart, Oskar Aichinger, Vortex, Icke Micke, Ulrich Troyer, Mego, Microthol, DJ Glow, Franz Hautzinger, FM4, Run Dem Crew, Play.fm, skug, Noisecamp, Nitro Mahalia, Flex, Club Beton, United Movement, Trost, 1bomb1target, Shortwave Massacre, Madame Strang, Rainer Klang, Helge Hinteregger, 78+, Patrick Pulsinger, Sergej Mohntau, Pepi Öttl, Beattown, Elisabeth, Manfred Grübl, Formation Ohne Namen, Werner Möbius, Villalog, Alois Huber, Franz Pomassl, Cay Taylan, Umberto Gollini, Martin Siewert, Miooow, Waldeck. **AU:** 8. 9. –20. 9. 2005

★ **archiv im palais** ①
Installation
RAU, K: Tobias Gerber, Julia Wieger. **PAR:**
Friedrich Achleitner, Bezirksamt Donaustadt, Lothar Fischmann, Thomas Jakoubek, Otto Kapfinger, Peter Klopf, Rudolf Kohoutek, Adolf Krischanitz, Siegfried Mattl, Eva Prochazka, Peter Rantasa, Katharina Ritter+Azw, Reinhard Seiss, Hannes Swoboda, Robert Temel. **AU:** 2. 9.–30. 9. 2005

2006

les perses ②
Chorisches Theater mit 180 Bürger:innen
Die Chorwettkämpfe der beginnenden Polis bilden das Modell zur Beteiligung einer Stadt am Erarbeitungsprozess der ersten überlieferten Tragödie, die auf einen Krieg zwischen Europa und Asien zurückgeht. Die Bürger:innen aus Genf verkörpern als raumgreifendes Gefüge den Chor der Perser. Entlang einer Sprechpartitur und einer Bewegungschoreografie werden die Zuschauer:innen Teil der Versammlung inmitten des bewegten Chores.
K, R, Partitur: Claudia Bosse. **PER:**
Barbara Baker (Bote), Doris Uhlich (Atossa), Christine Standfest (Dareios), Gerald Singer (Xerxes). **Chorführer:innen:**
Guillaume Béguin, Léonard Bertholet, Vincent Coppey, Elisa Curchod, Jean-Louis Johannides, Marie-Eve Mathey-Doret, Gérard Moll, Jacqueline Riccardi, Anne-Frédérique Rochat, Delphine Rosay.
Chor: 180 Bürger:innen aus Genf. **R-A:**
Andreas Gölles, Aurélie Matthey. **KOO:**

Imanol Atorrasagasti. **B:** Sophie Klimis.
EA: 13. 11. 2006, Théâtre du Grütli, Genf

die perser ②
Begehbare Installation
mit Tragödienchor der 12
Ein 500 Meter langer
und 6 Meter breiter Tun-
nel unter dem Stadtzentrum, ein funk-
tionsloser Leerraum neben der Wiener
U-Bahn-Linie 3, wird zum Austragungs-
ort der griechischen Tragödie als begeh-
bare Installation mit einem Chor aus 12
Wienerinnen und drei Protagonist:innen.
Die Raumakustik ist durch ein 12-sekün-
diges Echo geprägt.
K, R, Partitur: Claudia Bosse. **PER:**
Gerald Singer, Doris Uhlich, Christine
Standfest. **CH:** Aurelia Burckhardt, Gerald
Singer, Christine Standfest, Doris Uhlich,
Beatrix Brunner, Gerlinde Egger, Brigitte
Futscher, Ulrike Johannsen, Dora Müller,
Heidemarie Pichler, Ingrid Racz, Ana Szi-
lagyi, Ilse Urbanek, Lena Wicke. **Bauten:**
Karoline Streeruwitz/sammerstreeruwitz,
Christian Teckert/as-if. **P:** Ani Mezaduryan,
Lena Wicke. **EA:** 6. 12. 2006, Leerraum
unter der Mariahilfer Straße, Wien.

2007

turn terror into
sport ②
Steppintervention mit
100 Bürger:innen
Inspiriert von den Cho-
reografien Busby Berkeleys aus den
Filmmusicals der 1930er-Jahre, entsteht dem titelgebenden Zitat Shakespeares aus *Coriolan* folgend eine
Massensteppintervention zwischen En-
tertainment, Gleichschritt und Aufruhr

mitten in der Stadt. Bürgerkriegsmotive
durchdringen den öffentlichen Raum
mit 100 Teilnehmer:innen und rund
1000 Zuschauer:innen. Die Intervention
ist mit der Inszenierung von *Coriolan*
verknüpft.
K, C: Claudia Bosse. **TR:** Michael Fischer,
Sabine Hasicka, Albert Kessler, Daniela
Kubik, Nele Moser, Martina Sagmeister,
Nicole Rutrecht, Verena Schönberger.
PER: Jennifer Bonn, Aurelia Burckhardt,
Marie-Eve Mathey-Doret, Gerald Singer,
Christine Standfest, Doris Uhlich.
D: Christine Standfest. **P, Ö:** Lena Wicke.
KOO: Jeanette Picker. **R-A:** Konstantin
Küspert. **F:** Maria Mäser, Konstantin
Küspert. **UA:** 15. 9. 2007, Maria-Theresien-
Platz, Wien

coriolan ②
Theater
In den Hallen eines ehe-
maligen Tram-Depots
wird Shakespeares Tra-
gödie über Bürgerkrieg
und die Gründungskonflikte der Römischen Republik als politisches Diskussi-
onsstück mit einem tanzenden Massen-
chor inszeniert, das Sprechen als Waffe
verhandelt. Die Performer:innen rhythmisieren die Architektur des leerstehenden Tram-Depots und füllen den Raum
mit unterschiedlichen Bewegungscodes
und Körperbildern.
R, K: Claudia Bosse. **T:** Shakespeare,
Ernst Jünger, Giorgio Agamben. **PER:**
Doris Uhlich, Marie-Eve Mathey-Doret,
Aurelia Burckhardt, Gerald Singer, Christine Standfest, Jennifer Bonn. **CH:** Guido
Aengenheyster, Monika Bischof, Anita
Broser, Iwona Brugger, Eva Cermak, Michael de Werd, Anne Decker, Linde Drös-

cher, Sigrid Eder, Michaela Fink, Nada Frauenhofer, Renate Gärtner-Horvath, Wiebke Hebestedt, Maria Helm, Julia Jovanovic, Roswitha Kauer, Brigitte Kiss, Christl Kucera, Andrea Mayer, Astrid Mayer, Rachel Moser, Isolde Müller, Ingrid Müller, Susa Muzler, Angela Nagy, Maria Ohrfandl, Manfred Panis, Mariella Pauls, Saskia Pauls, Ingrid Pazdernik, Maria Theresia Pichler, Doris Prammer, Ingrid Racz, Ewa-Maria Rogal, Thomas Scheiber, Kristina Singer, Luzia Steindl, Marie Tappero, Michaela Wareka, Carina Zabini. **D:** *Christine Standfest.* **R-A:** *Konstantin Küspert.* **P, Ö:** *Lena Wicke.* **RAU:** *Karoline Streeruwitz, Christian Teckert.* **B-RAU:** *Jonni Winter.* **Ü:** *Claudia Bosse, Christine Standfest.* **DO, RAU, P:** *Anke Dyes.* **RE:** *Andreas Gölles.* **P-A:** *Brigitte Luik.* **A-RAU:** *Victoria Philipp.* **Archiv:** *Tatjana Gerlach.* **F:** *Konstantin Küspert, Maria Mäser.* **V:** *Frédéric Lombard.* **TO:** *Arnold Haberl.* **B-Musik:** *Jennifer Bonn, Werner Möbius.* **LI:** *Gerhard Fischer.* **EA:** *17. 10. 2007, thepalace – betriebsbahnhof breitensee, Wien*

2008

phèdre ②
Theater
Die Konflikte um Staat, Territorium, Körper, Freiheit und Liebe in *Phèdre* werden auf einen von allen Seiten einsehbaren Boxring verlegt, auf dem nackte Akteur:innen die Verse der Alexandriner Racines durch ihre Körper lassen und, so beobachtet, zu den verschiedenen Figuren der Tragödie werden. Der umgebende Raum wird zudem von den Akteur:innen durchschrit-

ten und gestört. Einheit von Ort, Zeit und Handlung sowie aller Anwesenden. **K, R, RAU:** *Claudia Bosse.* **PER:** *Frédéric Leidgens (Phèdre), Serge Martin (Hippolyte), Armand Deladoëy (Thésée), Véronique Alain (Œnone/Aricie), Marie-Eve Mathey-Doret (Théramène/Panope/Ismène/Auszüge von Seneca).* **P-A:** *Gaël Grivet.* **D:** *Andreas Gölles.* **LI:** *Jean-Michel Broillet.* **T:** *Jean Racine, Seneca.* **EA:** *22. 4. 2008, Salle du Faubourg, Genf, GRÜ/Théâtre du Grütli*

die perser ②
Chorisches Theater mit 340 Bürger:innen
Für die Inszenierung folgen 340 Bürger:innen aus Braunschweig dem Aufruf, Teil des Chores zu werden, und agieren auf der Bühne des Staatstheaters. Über vier Monate entsteht ein öffentlicher Prozess zu Chor, Tragödie, Staat und Demokratie, begleitet von den Expert:innen Jonas Grethlein, Edith Hall, Sophie Klimis, Hajo Kurzenberger, Claus-Artur Schreier und Florian Vaßen. **K, R, Partitur:** *Claudia Bosse.* **T:** *Aischylos.* **Ü:** *Peter Witzmann, Heiner Müller.* **PER:** *Jörg Petzold (Bote), Doris Uhlich (Atossa), Christine Standfest (Dareios), Marion Bordat (Xerxes).* **Chorführer:innen:** *Roland Bedrich, Anne Cathrin Buhtz, Inga Kolbeinsson, Hanna Legatis, Christoph Linder, Oliver Losehand, Christiane Ostermayer, Ilona Christina Schulz, Katja Thiele, Cornelia Windmüller.* **Chor der Greise:** *340 Bürger:innen der Stadt Braunschweig.* **R-A:** *Andreas Gölles.* **KOO, RE, D-M:** *Anselm Lenz, Anke Dyes.* **PL:** *Caroline Farke.* **EA:** *6. 6. 2008 im Rahmen des*

Festivals »Theaterformen«, Staatstheater
Braunschweig

bambiland08 ②
Choreografische Stadt-
komposition an 7 Orten
in Wien
Ein Chor von zwölf
choreografierten Lautsprecher-Objekten
lässt die 4-Kanal-Tonaufnahme des
Elfriede-Jelinek-Textes *Bambiland* auf unterschiedliche städtische Architekturen
auftreffen. Der Text überblendet Aischylos' *Die Perser* mit dem Golfkrieg 2003
und wird in dieser medial-performativen
Untersuchung des öffentlichen Raums
an die Städtebewohner Mitteleuropas
adressiert. Ausgezeichnet mit dem Nest-
roy-Preis als beste Off-Produktion.
K, KO, KL: Claudia Bosse. K-M: Alexan-
der Schellow, Gerald Singer, Christine
Standfest. Sprecherin: Anne Bennent.
PER: Aurelia Burckhardt, Caroline Farke,
Oliver Losehand, Alexander Schellow,
Dorothea Schürch, Gerald Singer, Chris-
tine Standfest. TO: Wolfgang Musil. V:
Alexander Schellow. TL: Simon Häfele.
T-A: Liesl Raff. P: Astrid Mayer. R-A:
Alexander Ratter. P-A: Tatiana Petkova.
Ö: Christine Standfest, skyunlimited.
CH: Monika Bischof, Anne Decker, Linde
Dröscher, Ingeborg Fellhofer, Nada
Frauenhofer, Tobias Gerber, Daniela
Graf-Kunauer, Olivia Helvadjian, Ve-
ronika Kritzer, Christl Kucera, Philip
Leitner, Günther Maier, Andrea Mayer,
Anne-Kathrine Münnich, Saskia Pauls,
Susanna Peterka, Maria Pichler, Ingrid
Racz, Thomas Scheiber, Lucia Steindl,
Irene Stockenreitner, Marie Tappero,
Ilse Urbanek, Michaela Wareka. EA:
15. 10. 2008, Schwarzenbergplatz, Wien

2009

falsche erinnerung
Performative
Installation
Eine biografische
Versuchsanordnung
zu persönlichen und kollektiven Erinne-
rungslücken: Wie kann man über et-
was arbeiten, das man nicht kennt? Ist
Terrorismus die Konsequenz einer trau-
matisierten Gesellschaft? Und welche
falschen Erinnerungen schreiben sich
wie in unsere (kollektiven) Narrative?
K: Claudia Bosse. PER: Véronique Alain,
Claudia Bosse, Liesl Raff. F: Lorant Racz.
M: Liesl Raff. P: Tanzquartier Wien. UA:
16. 1. 2009, Akademie der bildenden
Künste, Wien

perser review ②
Performative
Installation
Sound- und Videodoku-
mente der drei Insze-
nierungen von Aischylos' *Die Perser* in
Genf, Wien und Braunschweig werden
zu einer multimedialen Installation für
die 2 200 m² große Ankerhalle: Chöre
aus Lautsprecher-Inseln treten in Dialog
mit projizierter Schrift, Darsteller:innen
der Inszenierungen in Dialog mit den
Dokumenten im Raum (Bilder, Grafik,
Schrift, Choraufnahmen).
K: Claudia Bosse. I, RAU: Claudia
Bosse, Gabu Heindl, Alexander Schel-
low. TO, V: Günther Auer. TO: Matthias
Brückner, Arnold Haberl, Werner Mö-
bius. Video + Foto: Frederic Lombard,
Christian Bort, Regis Golay, Maria
Mäser u. a. PER: Aurelia Burckhardt,
Gerald Singer, Christine Standfest, Doris

Uhlich, Brigitte Futscher, Ulrike Johannsen, Ingrid Racz, Ilse Urbanek. **UA:**
*25. 3. 2009, ehemalige Ankerbrotfabrik,
Wien*

coriolan review ②
Theater
Eine Weiterentwicklung
der Inszenierung *cori-
olan* von Shakespeare
von 2007 für die Ankerhalle mit neuem
Raumkonzept und adaptierter Raum-
choreografie.
*R, K: Claudia Bosse. T: Shakespeare,
Ernst Jünger, Giorgio Agamben. Ü:
Claudia Bosse, Christine Standfest.* **PER:**
*Aurelia Burckhardt, Oliver Losehand,
Anne Marchand, Gerald Singer, Chris-
tine Standfest, Doris Uhlich, Christl
Kucera, Graziella Handschuh, Hildegard
Hochfellner, Astrid Mayer, Andrea
Mayer, Anne-Kathrine Münnich, Ingrid
Müller, Isolde Müller, Nora Mitro, Marie
Tappero, Michaela Wareka, Nada Frau-
enhofer.* **RAU:** *Liesl Raff.* **UA:** *21. 4. 2009,
ehemalige Ankerbrotfabrik, Wien*

phèdre review ②
Theater
Das Schauspielhaus
Wien wird zu einer
entkernten Landschaft
in der *Phédre* von Racine in den Ring
steigt. Eine neue Version der Genfer Inszenierung mit dem französischen Ensemble, in der alle Körper und Blicke in
Szene gesetzt und die Zuschauer:innen
Teil dieser Landschaft werden.
K, R: Claudia Bosse. **PER:** *Frédéric
Leidgens (Phèdre), Serge Martin (Hippolyte), Armand Deladoëy (Thésée), Véronique Alain (Œnone/Aricie), Marie-Eve*

Mathey-Doret (Théramène/Panope/
Ismène/Auszüge von Seneca). **A:**
Andreas Gölles. **RAU:** *Alexander Schel-
low.* **Ü:** *Claudia Bosse, Andreas Gölles.*
UA: *24. 5. 2009, Schauspielhaus Wien*

bambiland's day ②
Stadtintervention
Zwölfstündige Stadt-
raum-Installation in der
Düsseldorfer Altstadt
mit drei Text-Sendestationen von den
Dächern des Wilhelm-Marx-Hauses,
der Kunsthalle und des Schlossturms,
die Elfriede Jelineks *Bambiland*-Text in
den Stadtraum senden, dazu verschie-
dene Hörinseln, eine Medieninstallati-
on im Schmela Haus sowie performa-
tive Aktionen im Stadtraum und die
Film-Preview *rehe und raketen*.
I, KO: Claudia Bosse. **M:** *Aurelia
Burckhardt, Gerald Singer, Christine
Standfest, Alexander Schellow und
Student:innen der Ruhr-Universität Bo-
chum: Ilievska Backhausen, Gregor Bey-
erle, Kathrin Ebmeier, Dominik Gerland,
Nadine Lübbeling, Tilman Oestereich,
Sebastian Radermacher.* **Sprecherin:**
Anne Bennent. **KR, LE:** *Wolfgang
Musil.* **P:** *Edit Rainsborough.* **A:** *Anne-
Kathrine Münnich.* **TE-A:** *Dieter Nicka.*
UA: *11. 9. 2009, FFT Düsseldorf (diverse
Orte in Düsseldorf im öffentlichen
Raum; Film-Preview von* bambiland's
review: rehe und raketen*)*

bambiland review:
rehe und raketen ②
*Performatives
Filmprojekt*
Elfriede Jelineks Text
Bambiland trifft auf Felix Saltens *Bam-*

bi. Eine Lebensgeschichte aus dem Walde wird zur Grundlage für eine filmische Reise einer (menschlichen) Tiergemeinschaft entlang ikonischer Orte in Wien und ihre Strategien des Überlebens.

R: *Claudia Bosse.* **Kamera:** *Frederic Lombard.* **S:** *Günther Auer.* **KOS:** *Christina Romierer.* **Drehbuch:** *Gerald Singer, Claudia Bosse, Christine Standfest.* **TO:** *Frederic Lombard, Günther Auer, Wolfgang Musil.* **PER:** *Anne Bennent, Christl Kucera, Christine Standfest, Gerald Singer, Ilse Urbanek, Aurelia Burckhardt, Wolfgang Kindermann, Alexander Schellow, Yoshie Maruoka, Tobias Gerber, Andreas Gölles, Marco Tölzer, Luka Bosse, Veronika Kritzer, Konstantin Küspert, Rosie Pilz, Alexander Ratter, Marie Tappero, Michaela Wareka so-wie Merlin, Simon Rainsborough und Passant:innen.* **R-A**, **Aufnahmeleitung:** *Andreas Gölles.* **Kamera-A:** *Lorant Racz.* **S-A, KOS-A:** *Marco Tölzer.* **P, Catering:** *Edit Rainsborough.* **P-A:** *Rosie Pilz.* **UA:** *11. 9. 2009, FFT Juta, im Rahmen des bambiland's day in Düsseldorf*

2481 desaster zone ②
Multihybride Fiction
Aus Fragmenten der Tragödien, die im Rahmen von *Tragödien-produzenten* (2006–2008) bearbeitet wurden, entsteht 2481 Jahre nach der ersten überlieferten Tragödienauf-führung eine hybride »Tragödie der Tragödie«. Die weitläufige Halle einer ehemaligen Brotfabrik verwandelt sich in eine dystopische Landschaft, durch die die Zuschauer:innen auf fahrbaren Tribünen geschoben werden.

K, R: *Claudia Bosse.* **PER:** *Aurelia Burckhardt, Joachim Kapuy, Yoshie Maruoka, Gerald Singer, Christine Standfest, Doris Uhlich, Paul Wenninger.* **RAU:** *Alexander Schellow.* **LI:** *Gerhard Fischer.* **S:** *Günther Auer.* **R-A:** *Anne-Kathrine Münnich.* **RE-A:** *Andreas Gölles.* **RAU-A, TL:** *Marco Tölzer.* **Ü:** *Claudia Bosse, Andreas Gölles, Christine Standfest.* **PR:** *Dieter Nicka.* **P:** *Edit Rainsborough.* **UA:** *14. 10. 2009, ehemalige Ankerbrotfabrik, Wien*

bambiland09 ②
Eine konzertante Innen-raum-Choreografie
Für das Musikfestival »Wien Modern« ent-steht mit der 4-Kanal-Sprachkomposi-tion von *Bambiland* eine Raum-Klang-Choreografie für zwölf bewegliche Lautsprecher, die von zwölf kostümier-ten Körpern bewegt werden und durch die begehbare Halle klingen.

C, KO: *Claudia Bosse.* **Sprecherin:** *Anne Bennent.* **KR, LE:** *Wolfgang Musil.* **PER:** *Aurelia Burckhardt, Alexander Schellow, Gerald Singer, Christine Standfest, Tobias Gerber, Andreas Gölles, Joachim Kapuy, Christl Kucera, Yoshie Maruoka, Marie Tappero, Ilse Urbanek, Michaela Wareka.* **R-A:** *Dieter Nicka.* **TL:** *Marco Tölzer.* **KOS:** *Christina Romirer.* **PR:** *Thomas Köck.* **P:** *Edit Rainsborough.* **UA:** *7. 11. 2009, ehemalige Ankerbrotfabrik, Wien*

vampires of the 21st century oder was also tun? ②

Multimedialer Hybrid
Sounddokumente aus Politik, Wissenschaft und Gesellschaft seit 1859 treffen auf autofiktionales Sprechen von vier Akteur:innen sowie auf Textfragmente von Ovid, Karl Marx, Jean Baudrillard. Ein kollektives Schreiben mit Bewegungen, Sounds, versetzten Stimmen im Raum und der Frage, wie man politisch handeln kann.
K, R, RAU: *Claudia Bosse.* **S:** *Günther Auer.* **PER:** *Caroline Decker, Frédéric Leidgens, Yoshie Maruoka, Nora Steinig.* **Ö:** *Christine Standfest, SKYunlimited.* **PL:** *Annelie Fritze.* **TL:** *Marco Tölzer.* **R-A:** *Thomas Köck.* **P-A:** *Anna Feldbein.* **RE:** *Ana Mirkovic.* **B:** *Alexander Schellow.* **LI:** *Alex Wanko.* **F:** *Lorant Racz.* **UA:** *24. 11. 2010, FFT Düsseldorf / Wiederaufnahme Wien:* **AU:** *8. 12. 2010, Kartographisches Institut, Wien*

pieces of movement for orchestra
Orchesterprojekt
Als Zusammenarbeit zwischen dem ORF Radio-Symphonieorchester und dem Tanzquartier Wien wurden fünf international profilierte Choreograf:innen, darunter Claudia Bosse, eingeladen, in ihren jeweils individuellen choreografischen Handschriften zur Musik zeitgenössischer Komponist:innen zu inszenieren.
C: *Claudia Bosse, Christine Gaigg, Chris Haring, Anne Juren, Paul Wenninger.* **Orchester:** *ORF Radio-Symphonieorchester Wien.* **Dirigent:** *Gottfried Rabl.* **KO:** *Peter Ablinger, Georg Friedrich Haas, Radu Malfatti, Mia Zabelka u. a.* **UA:** *21. 1. 2011, Halle G, Museumsquartier Wien*

vampires of the 21st century or what is to be done then? ③
Adaption von vampires of the 21st century oder was also tun? *(2010)*
K, R, RAU: *Claudia Bosse.* **S:** *Günther Auer.* **PER:** *Caroline Decker, Frédéric Leidgens, Yoshie Maruoka, Nora Steinig.* **B, KOM:** *Christine Standfest.* **P:** *Annelie Fritze.* **R-A:** *Thomas Köck.* **TR American English:** *Tom Blake.* **AU:** *12. 2. 2011, Watermill Center, New York*

the future of the vampires ③
Public Artistic Research als Dienstagssalon
Versuchsanordnungen, Performances, Konzerte und Lectures verschiedener Gäste zu politischer Ästhetik und Konzepten von Multinarrationen sowie eine sich verändernde, sich durch unterschiedliche Räume des Kartographischen Instituts schreibende Installation.
KU: *Claudia Bosse.* **I:** *Claudia Bosse, Günther Auer.* **TL:** *Marco Tölzer.* **Ö, KOO:** *Anna Feldbein.* **DO:** *Thomas Köck.* **PR:** *Florine Lindner.* **PL:** *Annelie Fritze.* **G:** *Philipp Gehmacher, Yosi Wanunu, Maren Grimm, Alexander Schellow, Christine Standfest, Bernd Breuer, Nik Hummer, Paul Wenninger, Tobias Gerber,*

Günther Auer, Peter Stamer, Ulrike Haß, Kathrin Tiedemann, Nora Steinig, Cellardoor. **AU:** *12. 4.–24. 5. 2011, Kartographisches Institut, Wien*

dominant powers – landschaften des unbehagens ③
Installation
Basierend auf Videointerviews mit New Yorker:innen im Januar/Februar 2011 über Fragen zu Demokratie, Terrorismus und Identität entstehen Raumnarrative innerhalb eines Systems aus mehreren Räumen des ehemaligen Kartographischen Instituts im Zusammenspiel zwischen Objekten, visuellen und akustischen Informationen.
K: *Claudia Bosse, Günther Auer.* **UA:** *10. 5. 2011, Kartographisches Institut, Wien*

der raum der raum das bild das bild das bett der baum und die entblößung der leiber
Begehbare Raumskulptur
Für die Schiele-Jubiläumsausstellung entwickelt Claudia Bosse einen Materialraum mit Originalen von Egon Schiele, Fotokopien sowie begehbaren Lautsprecher-, Glas- und Schaumstoff-Objekten als akustische Raumskulptur mit Bildbeschreibungen von Bildern Egon Schieles, Interviews mit Mitarbeiter:innen des Museums und weiteren Texten.
K, I, KO: *Claudia Bosse.* **A, TE:** *Marco Tölzer.* **S:** *Günther Auer.* **Stimmen:** *Silke Bake, Claudia Bosse, Luka Bosse, Caro-*line Decker, Sigrid Gareis, Thomas Köck, Kristian Koller, Krassimira Kruschkova, Elisabeth Leopold, Diethard Leopold, Nicola Mayr, Ana Mirkovic, Nora Steinig, Catherine Travelletti, Johnny Winter.
AU: *23. 9. 2011–30. 1. 2012 im Rahmen der Ausstellung »Melancholie und Provokation – Dialoge mit Egon Schiele«, Leopold Museum, Wien*

the tears of stalin
3-teilige urbane Intervention
Installation eines 6 x 56 m großen Schriftzugs »The Tears of Stalin« am Sockel des ehemals größten Stalin-Monuments der Welt, das 1962 gesprengt wurde; dazu zwei performative Interventionen im öffentlichen Raum: Ein stummer Chor bringt für eine Stunde die Stadt am Fuße des Denkmals zum Stillstand, während ein mobiles Konzert von neun choreografierten Autos, ausgestattet mit Soundsystemen, zwei Stunden sirenenartig in der Altstadt erklingt.
K, I, C: *Claudia Bosse.* **KOO, RA:** *Lucie Spackova.* **C-KO:** *Claudia Bosse.* **S:** *Milan Guštar.* **KO-M:** *Günther Auer.* **S:** *Miroslav Pich.* **PL Intersection:** *Klára Mišunová.* **PL:** *Jakub Matejka.* **Ü-M:** *Christine Standfest.* **D-A:** *Josef Klimis, Monika Pajerová, Michail Rataj, Petr Sourek u. a.* **P:** *Prague Quadrennial, Intersection.* **AU:** *16.–26. 6. 2011, Letná-Höhe, Prag*

dominant powers. was also tun? ③
Zeitgenössische Tragödie, politischer Hybrid
Zeitgenössische Tragödie, Installation, Konzert oder Choreo-

grafie? Ausgebreitet in verschiedenen Räumen einer Fabriketage beginnt das verräumlichte Narrativ bei den politischen Umbrüchen in Nordafrika und endet in Mitteleuropa. Drei Darstellerinnen, ein Chor aus zwei Generationen und verschiedenen Nationalitäten treffen auf einen Chor von Medien sowie Texten aus der Antike bis heute.

K, R, RAU: *Claudia Bosse.* **PER:** *Nele Jahnke, Nora Steinig, Catherine Travelletti, Peter-Christian Dworzak, Jessyca R. Hauser, Bozena Kunstek, Réka Kutas, Sandra Pascal, Susanna Peterka, Stella Reinhold, Eva Maria Schmid, Thomas Schweitzer, Konstantin Sieghart, Ilse Urbanek, Eva-Maria Wall, Lisa Weber, Jana Westermann, Dana Worfolomeeva, Daniela Zeilinger.* **S:** *Günther Auer.* **TL, Bauten:** *Marco Tölzer.* **KOM/K-A:** *Anna Feldbein.* **M-P:** *Nicole Delle Karth.* **R-A:** *Ana Mirkovic.* **CH-KOO, KOS-A:** *Luzie Stransky.* **D-B:** *Christine Standfest.* **Ö:** *SKYunlimited.* **PL:** *Serena Laker.* **P:** *theatercombinat.* **UA:** *23. 11. 2011, DOMPOWpalace, Wien*

some democratic fictions ③/④/⑤
Langzeit-Recherche
Eine transnationale Sammlung von Video- und Audio-Interviews zu Demokratiebegriffen, Gesetzen, Lebensweisen … als lautes, fragiles Denken über politische Alternativen und politische Umbruchsituationen aus verschiedenen Perspektiven.

K, I, Archiv: *Claudia Bosse.* **Zusammenarbeit, S, ME:** *Günther Auer.* **P:** *Margot Wehinger.* **Stationen:** *New York (Jan/Feb 2011), Kairo (Okt 2011), Alexandria (Okt 2011), Tunis (Jan 2012), Frankfurt a. M. (Feb 2012), Tel Aviv (Mai 2012), Jerusalem (Mai 2012), Zagreb (Juni 2012), Brüssel (April 2013), Beirut (Okt 2013), Athen (Okt 2014), Kairo (Jan/Feb 2015), Mannheim (2015), Jakarta (2019)*

2012

dominant powers. que faire, alors? ③
Adaption von dominant powers. was also tun? *(2011)*

Ein Jahr nach den Aufständen in Tunis, re-inszeniert mit einem Chor aus Studierenden des Institut Supérieur d'Art Dramatique Tunis in den Innen- und Außenräumen der Schule, erhält die Inszenierung durch den aufgeladenen politischen Kontext vor Ort eine unmittelbare Dringlichkeit.

K, R, RAU: *Claudia Bosse.* **PER:** *Caroline Decker, Nele Jahnke, Nora Steinig.* **CH:** *Mohmed Chawki, Khouja Lobna Ghannouni, Asma Abdi, Arwa Ben Ismail, Talel Ayoub, Houssem Abed, Khawla Jomni, Rania Souahi, Hamdi Adib, Mahrane Ben Haj Khalifa, Souhir Bahloul, Chakib Ghanmi, Firas Labbene, Mahmoud Jerbi, Nabiha Timoumi.* **S:** *Günther Auer.* **TL, Bauten:** *Marco Tölzer.* **P-M:** *Tobias Gerber.* **KOM:** *Anna Feldbein.* **R-A:** *Stella Reinhold.* **P-A, KOS:** *Luzie Stransky.* **Ü:** *Urs Riegl.* **PL:** *Serena Laker.* **UA:** *11. 1. 2012, Institut Supérieur d'Art Dramatique, Tunis, auf Einladung des Goethe-Instituts Tunesien im Rahmen der »Journées Théâtrales de Carthage«*

BURNING BEASTS
Installation im öffentlichen Raum
Ausgehend von politischen Bewegungen thematisiert *BURNING BEASTS* die Gefährdung der öffentlichen Ordnung. Mitten auf dem Frankfurter Römer treten zehn sprechende Autowracks und sechs Performer:innen in einen Dialog mit dem öffentlichen Raum, verhandeln Vorstellungen von Demokratie, Freiheit und Besitz und fordern die Grenzen des Öffentlichen heraus.
I, KL: Claudia Bosse mit Student:innen der Angewandten Theaterwissenschaft Gießen. **PER:** *Gregor Glogowski, Meret Kiderlen, Elisabeth Lindig, Arne Schirmel, Catherine Travelletti, Nele Jahnke.* **TL:** *Marco Tölzer.* **S, V:** *Günther Auer.* **D-A:** *Gerald Siegmund, Fanti Baum.* **UA:** *18. 2. 2012 im Rahmen der Ausstellung »Demonstrationen. Vom Werden Normativer Ordnungen«, Frankfurter Kunstverein, kuratiert von Fanti Baum, Britta Peters, Sabine Witt*

dominant powers. what is to be done then? ③
Adaption von dominant powers. was also tun? *(2011)*
K, R: Claudia Bosse. **S:** *Günther Auer.* **PER:** *Nele Jahnke, Nora Steinig, Catherine Travelletti und 10 Bewohner:innen von Neu Zagreb.* **A, RE, KOO:** *Marijeta Karlovic.* **TL, B:** *Marco Tölzer.* **P-A:** *Luzie Stransky.* **PL:** *Serena Laker.* **UA:** *30. 6. 2012, Museum of Contemporary Art, (MSU) Zagreb, im Rahmen des EUROKAZ-Festivals*

biographical landscapes of new zagreb ③
Ausstellung in Wohnungen & Performative Installation im Museum
Bilder und Objekte der Museumssammlung werden in privaten Wohnungen in der Umgebung des Museums für Zeitgenössische Kunst in Novi Zagreb, einer von den 1960er- bis in die 1980er-Jahre nach Prinzipien der sozialistischen Moderne erbauten Modell-Stadt, ausgestellt. Zugleich rekonstruieren die zehn Bewohner:innen in 1:1 ins Museum übertragenen Grundrissen ihrer Wohnungen, gesäumt von ihren Interviews, Choreografien alltäglicher Handlungen als Live-Installation.
I, K, R: Claudia Bosse. **PER:** *Jadranka Alić, Ivan Alić, Siniša Glogoški, Franka Horvat, Aleksandar Kondić, Svjetlana Lugar, Tomislav Lukačić, Morana Matković, Zrinka Tatomir, Vladimir Tatomir.* **S, Video Mastering:** *Günther Auer.* **B:** *Tihomir Milovac.* **A, RE, KOO:** *Marijeta Karlović.* **Werke:** *Boris Bućan, Braco Dimitrijević, Ivan Ladislav Galeta, Zeljko Jerman, Ivan Picelj, Ivan Posavec, Mladen Stilinović, Milisav Mio Vesović u. a.* **AU:** *30. 6.–2. 7. 2012, Museum of Contemporary Art, (MSU) Zagreb, im Rahmen des EUROKAZ-Festivals*

designed desires ③
Choreografie
Körper verschiedener Generationen verhandeln Sehnsüchte des postdemokratischen Subjekts in einer raumgreifenden Choreografie

über Begehren und Gemeinschaften, Pornografie und politische Theorie in simultan bespielten Räumen einer begehbaren, transparenten 1970er-Jahre-Architektur.

*K, C, RAU: Claudia Bosse. S: Günther Auer. D: Tobias Gerber. **PER:** Véronique Alain, Caroline Daish, Yoshie Maruoka, Tara Silverthorn, Alexandra Sommerfeld, Florian Tröbinger, Peter-Christian Dworzak, Bozena Kunstek, Susanna Peterka, Eva Maria Schmid, Ilse Urbanek, Christa Zuna-Kratky. **B, TL, Umsetzung Lichtobjekte:** Marco Tölzer. **KOS:** Vladimir Miller, Lila John. **D-M:** Christine Standfest. **B:** Evelyn Annuß. **R-A:** Marijeta Karlović. **S-A:** Luka Bosse. **P-PR:** Margot Wehinger. **P-A:** Anna Etteldorf. **PL:** Serena Laker. **UA:** 27. 11. 2012, Zollamtskantine, Wien*

struggling bodies in capitalist societies (democracies) ③
Symposium
Vom disziplinierten Körper zum Körper als Schlachtfeld wirtschaftlicher und sozialer Pflichten, von der Bioethik zu den Wunschmaschinerien in Verbindung mit religiösen und politischen Ordnungen – das transdisziplinäre, international besetzte Symposium verhandelt die politische Dimension aktueller Körperkonzepte.

*KU: Claudia Bosse. TI: Elke Van Campenhout, Marina Gržinič, Hrvoje Jurić, Sandra Noeth, Alice Pechriggl, Gerald Siegmund, Kathrin Tiedemann, Günther Auer. **AU:** 1.–2. 12. 2012, Zollamtskantine, Wien*

designed desires ③
Wiederaufnahme
AU: 26. 4. 2013 im Rahmen von »Feedback [2nd edition]«, Zollamtskantine, Wien, auf Einladung des Tanzquartier Wien

thoughts meet space ③/④
Installation
Ein multimedialer Materialraum, der mit gesellschaftlichen Zusammenhängen durch Bilder, Sounds, Projektionen, Objekte und performative Assemblagen experimentiert, anhand von Interviews über Revolution und das Gespenst der Demokratie aus der Reihe *some democratic fictions* in New York, Kairo, Alexandria, Tunis, Jerusalem, Tel Aviv, Zagreb, Frankfurt und Brüssel.

*K, I: Claudia Bosse. S, ME: Günther Auer. TL, O, A: Marco Tölzer. **KOM:** Marijeta Karlović. **G:** Fanti Baum, Caroline Daish, Marijeta Karlović, Alexandra Sommerfeld, Florian Tröbinger, Marco Tölzer. **PL:** Anna Etteldorf, Margot Wehinger. **AU:** 26. 6.–29. 6. 2013, Zollamtskantine, Wien*

designed desires ③
Adaption von designed desires *(2012)*
KP: FFT Düsseldorf. AU: 26. 9. 2013, temporärer Kunstraum Venus & Apoll, Düsseldorf, im Rahmen von »Public Bodies«

thoughts meet space beirut ③/④
Installation
Während der Residenz bei Ashkal Alwan entstehen neue Interviews in der *some-democratic-fictions*-Reihe, die in einem vor Ort entwickelten multimedialen Materialraum auf Stimmen und Interviews aus anderen Orten treffen.
K, I, Archiv: *Claudia Bosse.* **KOL, S, ME:** *Günther Auer.* **A, KOM:** *Marijeta Karlović (Zagreb, Beirut).* **P:** *Margot Wehinger.* **Interviewte:** *Stefan Bakmandandersen, Fadi Hennawi, Nisreen Kaj, Nagham Abboud, Mikko Mäki, Christine Thome, Monika Borgmann, Vicken Vincent Avakian, Mariam Mosleh, Victoria Lupton, Alexandre Paulikevitch, Monika Halkort, Diana Menhem, Ghassan Maasri, Patricia Nabti, Abdelrahim Alawji, Marwa Arsanios, Amal Issa.* **AU:** *23. 10.–28. 10. 2013, Ashkal Alwan, Beirut*

2014

what about catastrophes? ③
Choreografie/ Performance
Eine Erkundung der Grammatik der Katastrophe und des Potentials von Strukturen des Zusammenbruchs, ausgehend von der Gefährdung der Körper mit sich überlagernden Stimmen und Handlungen. Über Demokratie, Terrorismus, Revolution und Bürgerkrieg.
C, RAU, I, K: *Claudia Bosse.* **S, V:** *Günther Auer.* **PER:** *Nathalie Rozanes, Alexandra Sommerfeld, Florian Tröbinger,*
Kostas Tsioukas, Elizabeth Ward. **TL, M-RAU:** *Marco Tölzer.* **D:** *Fanti Baum.* **KOS:** *Lila John.* **KOM:** *Anna Etteldorf.* **PR:** *Andreea Zelinka.* **A:** *Stella Reinhold.* **PL:** *Margot Wehinger* **UA:** *10. 4. 2014, Tanzquartier Wien, Halle G*

catastrophic paradise ③
Choreografie/ Performance
Eine Annäherung an den postkolonialen Zustand der Welt: Textkörper aus Montaigne, General Butt Naked, Estamira und der Genesis werden mit choreografischen Handlungen und Objekten zu performativen Landschaften und das Paradies zur bewachten *enclosure* in einem mit Zuschauer:innen geteilten Raum.
C, RAU: *Claudia Bosse.* **S, V:** *Günther Auer.* **PER:** *Nathalie Rozanes, Alexandra Sommerfeld, Florian Tröbinger, Elizabeth Ward, Marco Tölzer, Ilse Urbanek.* **D:** *Kathrin Tiedemann.* **TL:** *Marco Tölzer.* **KOS:** *Lila John, Ronja Stahl.* **A:** *Constantin Schädle.* **OE:** *Sigrid Gareis.* **AD:** *Silke Bake.* **PL:** *Stella Reinhold (2014), Anna Etteldorf (2015), Margot Wehinger (2015).* **UA:** *24. 9. 2014, Botschaft am Worringer Platz, Düsseldorf*

politics of paradise and catastrophes ③
Symposium
Zu philosophischen und religiösen Denkansätzen von Paradies und Katastrophe.
KU: *Claudia Bosse.* **TI:** *Federica Bueti, Dr. Sotirios Bahtsetzis, Prof. Dr. Reinhold Görling.* **AU:** *27. 9. 2014, Botschaft am Worringer Platz, Düsseldorf*

let's talk about work, honey!

Transdisziplinärer Salon über Arbeitsmethoden

Künstler:innen unterschiedlicher Disziplinen werden von Claudia Bosse eingeladen, andere Praktiker:innen einzuladen. Jede:r stellt seine/ihre Arbeitsmethode anhand von einer oder mehreren Arbeiten vor, mit der/denen er/sie sich gerade beschäftigt. Es geht um die Skizzierung von Interessen und das Umreißen der blinden Flecken der eigenen Methode.

K, KU: Claudia Bosse. G: Klaus Schafler & Christian Teckert, Günther Auer & Christoph Eggner, Philipp Gehmacher & Michikazu Matsune, Anne Juren & Vladimir Miller, Ian Kaler & Eva Würdinger, Baerbel Mueller & Sabelo Mangeni, Christine Gaigg & Ed Hauswirth, Sabine Bitter/Helmut Weber & Maren Richter, Thomas Hörl & Luise Reitstätter, Versatorium & Jo Schmeiser, Alice Pechriggl & Ute Liepold sowie Adania Shibli, Arkadi Zaides, Kaya Behkalam, Filippos Tsitsopoulos. AU: November 2014 – Juni 2016, les souterrains Wien, Tanzkongress Hannover

thoughts meet space athens ③/④

Installation

Während der Residenz im Bhive in Kypseli entstehen neue Interviews in der *some-democratic-fictions*-Reihe, die in der für die klassizistische Villa entwickelten mehrräumigen multimedialen Installation auf Stimmen und Interviews aus anderen Orten treffen; begleitend findet eine Performance statt.

Interviews: Claudia Bosse. KOL, S, ME: Günther Auer. TL: Marco Tölzer. RE, A: Ariadni Yfanti. PL: Stella Reinhold. Interviewte: Katja Ehrhardt, Vassilis Matzoukis, Platon Mavromoustakos, Nikitas Karagiannis, Irini Chovas, Dimitris Galanis, Nikos Soulis, Nikos Giavropoulos, Marianna Asimakopoulou, Petros Linardos Rylmon, Sotiris Bachtetzis, Anna Sarilaki, Evripidis Laskaridis, Nikos Odubitan, Viktoria Maniatakou, Maria Komninou, Andreas Kourkoulas, Michael Kliën, Vassilis Noulas. AU: 20. 10. – 26. 10. 2014, Bhive, Athen

2015

thoughts meet space cairo ③/④

Installation

Während der Residenz im Hotel Viennoise entstehen neue Interviews in der *some-democratic-fictions*-Reihe, die aber nicht Teil der multimedialen Installation werden können. In der Installation finden an fünf Abenden Salons mit jeweils zwei eingeladenen Künstler:innen statt.

I, O, Interviews, KU: Claudia Bosse. KOL, S, ME: Günther Auer. A, KOO: Shayma Aziz. Ü: Mohamed Abdel Salam Radwan. T: Marco Tölzer. G Salon Reflection Zone: Doa Aly, Kaya Behkalam, Abdallah Daif, Shady Elnoshokaty, Ismail Fayed, Paul Geday, Adham Hafez, Ezz Darwiesh, Huda Lutfi, Samaher Na'ama Alkadi, Amgad Naguib. B: Ahmed Al Attar, Kaya Behkalam, Shady El Noshokaty, Ismail Fayed, Omar Nagati. AU: 29. 1. – 5. 2. 2015, Hotel Viennoise, Kairo

catastrophic paradise③
Adaption von catastrophic paradise *(2014)*
AU: 20.3.2015, Tanzquartier Wien, Halle G

a first step to IDEAL PARADISE ③ / ⑤
Installation
Eine 24-Kanal-Installation und Performance zu Ritualen und politischem Denken. Ausgangsmaterial sind Interviews aus verschiedenen Brennpunkten der Welt, deren Stimmen in Objekten hausen und bildnerische Formen des Werkraums zum Sprechen bringen.
*K, I, R: Claudia Bosse. **S, ME:** Günther Auer. **PER:** Caroline Daish, Alexandra Sommerfeld, Florian Tröbinger, Elizabeth Ward, Ilse Urbanek. **T:** Marco Tölzer. **KOS:** Diego Rojas. **PL:** Margot Wehinger, Anna Etteldorf, Silke Bake. **UA:** 25.4.2015, Atelier Kunstmeile, Krems, im Rahmen des Donaufestivals*

a second step to IDEAL PARADISE
③ / ⑤
Installation
In sechs Sälen des Weltmuseums treffen künstlerische Objekte auf Artefakte aus der Sammlung. Diese werden mit sechs begehbare mehrkanaligen, dokumentarischen und fiktiven Erzählungen verbunden, die kulturell und politisch (Un)Bewusstes aufrufen.
*I, K, T: Claudia Bosse. **S, ME:** Günther Auer. **TL:** Marco Tölzer. **OE:** Bärbel Müller. **RE:** Sandra Hartinger. **P:** Anna Ettel-*

*dorf, Margot Wehinger. **AD:** Silke Bake. **UA:** 27.7.2015, Weltmuseum, Wien.*

a third step to IDEAL PARADISE ③ / ⑤
Performance in der Installation
Performer:innen mischen sich in die Erzählung der bespielten Säle des Weltmuseums. Sie schleusen ihre Körper ein, greifen auf die eingerichteten Objekte und Materialien zu, aktivieren die entwickelten Themen: Kolonialismus, kulturelle Projektion, Ideologie(n) und ideale Gemeinschaften.
*C, K, I: Claudia Bosse. **PER:** Véronique Alain, Michael O'Connor, Elisabeth Tambwe, Florian Tröbinger, Ilse Urbanek, Elizabeth Ward. **S, LI, ME:** Günther Auer. **LI, TL:** Marco Tölzer. **KOS:** Diego Rojas. **OE:** Sigrid Gareis, Kathrin Tiedemann. **A:** Constantin Schädle. **RE:** Sandra Hartinger. **PL, KOM:** Anna Etteldorf, Margot Wehinger. **AD:** Silke Bake. **UA:** 13.8.2015, Weltmuseum, Wien, im Rahmen von »ImPulsTanz« – Vienna International Dance Festival*

catastrophic paradise ③
Adaption von catastrophic paradise *(2014)*
AU: 19.9.2015, ehemalige Videothek, Mannheim, im Rahmen des Festivals »Wunder der Prärie«

urban laboratory IDEAL PARADISE ③ / ⑤
Performative Praxis im urbanen Raum
Ein Labor über mehrere Monate im (halb)öffentlichen Raum, in

dem die Ortlosigkeit, das Vagabundieren zur Arbeitspraxis wird. Die Orte der Interventionen werden angenommen, wie sie sind, und so selbst zum Ausgangspunkt der choreografischen Arbeit. Kohabitation.

K, KL: Claudia Bosse. *S, ME:* Günther Auer. *PER:* Varinia Canto Vila, Réka Kutas, Jaschka Lämmert, Alexandra Sommerfeld, Florian Tröbinger. *RAU:* Stephanie Rauch. *OE, D:* Bärbel Müller. *TL:* Marco Tölzer. *A, KOO:* Silvester Kreil. *S-A, T:* Luka Bosse. *RE:* Sandra Hartinger. *AD:* Silke Bake. *KOM:* Anna Etteldorf. *AD:* Margot Wehinger. *AU:* 2.10.–18.11.2015, diverse Orte im öffentlichen Raum, Wien

2016

IDEAL PARADISE clash ③/⑤
Choreografie/ Performance
Der Theaterraum verdichtet sich zum Museum, in dem verschiedene Vergangenheiten und abwesende Räume versammelt werden. Als verschichtete Wirklichkeiten in Choreografien der Kohabitation wird die autonome performative Gegenwart aller anwesenden Körper möglich.

K, C, R: Claudia Bosse. *S:* Günther Auer. *PER:* Jaschka Lämmert, Alexandra Sommerfeld, Nora Steinig, Florian Tröbinger, Ilse Urbanek, Günther Auer, Claudia Bosse, Silvester Kreil. *G:* Herbert Justnik. *RAU:* Stephanie Rauch. *LI:* Andreas Lendais, Andreas Hofer/Phoenix. *OE:* Sigrid Gareis. *A, KOO:* Silvester Kreil. *S-A, T:* Luka Bosse. *P-A:* Sandra Hartinger.

PR: Viktoria Bayer. *AD:* Silke Bake. *KOM:* Anna Etteldorf. *AD:* Margot Wehinger. *UA:* 4.3.2016, Tanzquartier Wien, Halle G

IDEAL PARADISE ③/⑤
Nomadische Stadtkomposition zwischen drei Orten in Wien
Ein gemeinsames Ergehen der Stadt. Dabei entstehen Situationen, die oszillieren zwischen fragilen Gemeinschaften und unmöglichen Zusammenkünften, auf der Suche nach möglichen Formen des Zusammenlebens in Zeiten politischer und kultureller Umbrüche.

K, KL, RAU: Claudia Bosse. *PER:* Günther Auer, Léonard Bertholet, Rotraud Kern, Alexandra Sommerfeld, Florian Tröbinger, Ilse Urbanek. *CH:* Jad Al-Mubaraki, Cosima Baum, Sarah Binder, Marlene Grois, Monika Has, Ahmed Hashim, Anna Hirschmann, Vicky Klug, Melanie Konrad, Bozena Kunstek, Anne Megier, Christina Maria Murer, Qasemi Neamathulla, Luzia Rux, Ahmed Saeed, Johanna Urban, Xandi Vogler, Isabella Voicu, Monika Volk, Hayder Wahab, Michaela Wolf, Christa Zuna-Kratky. *S:* Günther Auer. *A, KOO:* Viktoria Bayer. *TL:* Paul Horn. *OE:* Gabrielle Cram. *AD:* Silke Bake. *KOS:* Iva Ivanova, Anna-Sofie Lugmeier, Eva-Maria Müller. *KOM, D-M:* Anna Etteldorf. *AD:* Margot Wehinger. *PR:* Sara Trawöger, Dagmar Tröstler, Andreas Binder, Jose Zubiela Rodriguez. *S-A:* Juliana Lindenhofer. *UA:* 21.6.2016, Brache in der Mollardgasse, Wien

IDEAL PARADISE
shifting space ③/⑤
Performative Landschaft
Es geht um die Politiken
von Raum, um Territori-
um und die Grenzen seiner Aushandlun-
gen. Wie wollen wir leben? Innerhalb
welcher Grenzen? Ein unsicheres Terrain
oder Möglichkeit einer anderen Gemeinschaft? *K, KL:* Claudia Bosse. *S: Günther
Auer. PER: Günther Auer, Claudia Bosse,
Rotraud Kern. KOM: Anna Etteldorf.
PL: Margot Wehinger. UA: 7. 10. 2016,
WASP – Working Art Space & Production,
Bukarest, im Rahmen des Festivals »eX-
plore #11«*

**thoughts meet space
cairo in vienna** ③/④
*confronting documents.
confronting history –
Installation mit Live-
Interaktion*
Mit Dokumenten aus der Sammlung
some democratic fictions aus Kairo
und Alexandria 2011 und 2015 und der
Live-Partizipation von Kaya Behkalam,
Abdalla Daif und Huda Lutfi.
K, I: Claudia Bosse. *KOL, ME: Günther
Auer. PER: Kaya Behkalam, Abdalla Daif,
Huda Lutfi. AU: 4. 11. 2016, TQW studios,
Wien*

confronting practice
Labor, Recherche
KU: Claudia Bosse, Kaya
Behkalam. *G: Abdalla
Daif, Huda Lutfi, Helmut
Weber (Bitter/Weber, Urban Subjects),
Christina Linortner. AU: 5. 11. 2016, TQW
Studios, Wien*

**the last IDEAL
PARADISE** ③/⑤
*Installation, Perfor-
mance, Choreografie*
Eine Installation wird
zur Performance. Eine begehbare Raum-
Choreografie für eine aufgelassene
Architektur als Bestandsaufnahme eines
Arbeitsprozesses, der politische Gegen-
wart und Geschichte mit Ritualen und
Mythen verbindet, sich auseinandersetzt
mit Terrorismus, Territorium und Einver-
leibung, Projektionen und Konstellatio-
nen unseres politisch (Un-)Bewussten.
K, O, C, RAU: Claudia Bosse. *S: Günther
Auer. PER: Léonard Bertholet, Robert
Jackson, Rotraud Kern, Mun Wai Lee,
Alexandra Sommerfeld, Florian Tröbin-
ger, Ilse Urbanek. CH: Uwe Bähr, Sven
Bernick, Hannelore Bohm, Izabela Folek,
Rosemarie Hofsess-Kerkhoff, Jürgen
Klein, Werner Klüfer, Mathias Meis,
Verena Meis, Inge Müller, Georg Nocke,
Judith Pieper, Lena Roord, Sina-Marie
Schneller. OE: Kathrin Tiedemann. A:
Vicky Klug. TL: Marco Tölzer. CH-KOO:
Sina-Marie Schneller. KOM, D-M: Vicky
Klug, Anna Etteldorf. AD: Margot Wehin-
ger. UA: 17. 11. 2016, ehemalige Postver-
ladestelle Düsseldorf, im Rahmen von
»Internationale Koproduktionen. Living
Dead – Spukgestalten im Theater der
Gegenwart«, FFT Düsseldorf*

2017

**urban laboratory
IDEAL PARADISE
ukraine** ③/⑤
*Performative Praxis im
urbanen Raum in Kiew
und Charkiw*

Ein performatives Rechercheprojekt mit Urban Curators sowie einem Netzwerk von Künstler:innen und Expert:innen. Im Zentrum stehen Interventionen im öffentlichen Raum sowie ein mediales Mapping der geschichtlichen, baulichen und politischen Dimensionen der ausgewählten Orte.
*KL: Claudia Bosse. **S, ME:** Günther Auer. **Urban Curators:** Nastya Ponomariyova, Iryna Yakovchuk. **PL:** Margot Wehinger (theatercombinat), Nin Khodorivsko (Kiew), Oksana Potapova (Kiew). **RE:** Oleksandr Vynogradov. **KOM:** Vicky Klug. **AU:** 4.5.–21.5.2017, diverse Orte im öffentlichen Raum, Kiew*

applied poetics in urban space ⑤
Fünf choreografische Interventionen im öffentlichen Raum

In einem Labor werden fünf ikonische, dysfunktionale oder »verwundete« Orte in Kiew zu Orten der Erprobung subversiver interventionistischer Taktiken im Sinne permanenter Aushandlung von Raum: Wie können Körper normative alltägliche Routinen unterbrechen?
*KL: Claudia Bosse. **S:** Günther Auer. **PAR:** Urban Curators: Nastya Ponomariyova, Iryna Yakovchuk. **RE:** Oleksandr Vynogradov. **Ö:** Vicky Klug. **PL:** Margot Wehinger (theatercombinat), Nin Khodorivsko (Kiew), Oksana Potapova (Kiew). **PER:** Piotr Armianovski, Kateryna Buchatska, Oleksandra Davydenko Lidiia Demchenko, Slavik Fokin, Polina Gurska, Oleksandra Khalepa, Alyona Mamay, Dan Voronov, Lena Om, Stanislava Ovchinnikova, Nadia Parfan,*

*Kateryna Ponomarenko, Jürgen Rendl, Olena Rosstalna. **AU:** 15.–20.5.2017, Kiew, im Rahmen des performativen Rechercheprojekts »urban laboratory IDEAL PARADISE ukraine«*

REENACTING THE ARCHIVE – part 1
Prozession im Stadtraum

Mit Dokumenten der Düsseldorfer Industrie-, Gewerbe- und Kunstausstellung von 1902 als transportable Bildobjekte wird in einer performativen Prozession durch die Stadt die Repräsentation und Konstruktion »des Fremden« bis in unsere Gegenwart untersucht.
*K, O, Lecture: Claudia Bosse. **KOL, ME:** Günther Auer. **PER:** Günther Auer, Uwe Bähr, Isabelle Grimm, Rosi Hoffses-Kerkhoff, Jürgen Klein, Inge Müller, Georg Nocke, Laura Fiona Wieczorek. **KOM:** Vicky Klug. **UA:** 8.7.2017, Stadtarchiv Düsseldorf, im Rahmen von »Von fremden Ländern in eigenen Städten«*

EXPLOSION DER STILLE – a silent chorus
Performatives Monument im Stadtraum

70 Personen finden sich am Wiener Praterstern als performatives Monument zusammen, das den Ort für 60 Minuten stillstellt. Danach flüstern sie ihre Biografien im Futur und in ihrer Sprache als multiperspektivisches Archiv dieser Gesellschaft.
*K, KL: Claudia Bosse. **Chorkampagne:** Viktoria Bayer. **CH:** 70 Beteiligte. **KOM:** Vicky Klug. **P-A:** Dagmar Tröstler, Char-*

lotte Kallenberg. **PR:** *Julia Gfrerrer.* **PL:**
Roma Hurey. **UA:** *19. 10. 2017, Praterstern, Wien*

POEMS of the
DAILY MADNESS
Ein Singspiel
Inspiriert von Medien-
berichten, untersucht
die Raum-Oper für vier Allegorien und
den »Chor der Verdammten« Auswir-
kungen unserer politischen Gegenwart
auf die Rituale unseres Alltags, auf
das Denken und Handeln innerhalb
einer sich zusehends polarisierenden
Öffentlichkeit.

T, K, R, RAU: *Claudia Bosse.* **KO, S:**
Günther Auer. **PER:** *Mirjam Klebel
(MADNESS), Nic Lloyd (HATE CRIME),
Nicola Schößler (POEMS), Alexandra
Sommerfeld (TERROR).* **KOS, TL:** *Marco
Tölzer.* **OE:** *Johannes Porsch, Alexander
Schellow.* **R-A:** *Noah Zeldin, Dagmar
Tröstler.* **TR:** *Noah Zeldin, Guillaume
Fauchere.* **T:** *Lukas Rawik.* **P-A,**
PR: *Charlotte Kallenberg, Julia Gfrer-
rer.* **KOM:** *Vicky Klug.* **PL:** *Roma Hurey,
Alexander Matthias Kosnopfl.* **UA:**
16.10. 2017, Nordbahn-Halle, Wien

2018

VzV,vK! /
REENACTING THE
ARCHIVE – part 2
*Noise Happening &
Ritual*
116 Jahre nach Errichtung des Kunstpalasts begibt sich *VzV,vK!/REEN-
ACTING THE ARCHIVE – part 2*
innerhalb der Räume auf die Suche
nach der Identität und Entstehungsgeschichte des Kunstpalasts und seiner
Protagonist:innen.

K, S, PER: *Claudia Bosse, Günther Auer.*
UA: *1. 2. 2018, Museum Kunstpalast,
Düsseldorf, im Rahmen der Kunstausstel-
lung »DIE GROSSE 2018«*

the last IDEAL
PARADISE ③/⑤
Adaption von the last
IDEAL PARADISE *(2016)*
K, O, C, RAU: *Claudia
Bosse.* **S:** *Günther Auer.* **PER:** *Léonard
Bertholet, Robert Jackson, Rotraud Kern,
Mun Wai Lee, Alexandra Sommerfeld,
Florian Tröbinger, Ilse Urbanek.* **CH:**
*Uwe Bähr, Sven Bernick, Hannelore
Bohm, Izabela Folek, Rosemarie Hofsess-
Kerkhoff, Jürgen Klein, Werner Klüfer,
Mathias Meis, Verena Meis, Inge Müller,
Georg Nocke, Judith Pieper, Lena Roord,
Sina-Marie Schneller.* **A:** *Dagmar Tröstler.*
TL: *Marco Tölzer.* **CH-KOO:** *Sina-Marie
Schneller.* **KOM, D-M:** *Vicky Klug, Anna
Etteldorf.* **AD:** *Roma Janus.* **AU:** *15. – 18. 3.
2018, Salzlager, Kokerei Zollverein, Essen,
im Rahmen der »Tanzplattform Deutsch-
land« 2018*

FOLLOWING
THE TRACE
Installation
Künstlerische Mappings
aus Charkiw und Kiew
als vier mehrmediale Arbeiten: Körper,
die Wasser von einer Quelle durch
Charkiw tragen (4-Kanal-Videoarbeit);
Körper, die Stimmen werden, in einer
Collage zugleich beschriebener Orte in
Kiew; Körper, die den urbanen Raum
poetisch subvertieren.

K, I: *Claudia Bosse.* **ME, KOL:** *Günther*

Auer. **Urban Curators:** *Nastya Pono-
mariyova, Iryna Yakovchuk.* **PL:** *Margot
Wehinger (theatercombinat), Nin Kho-
dorivsko (Kiew), Oksana Potapova (Kiew).*
RE: *Oleksandr Vynogradov.* **KOM:**
Vicky Klug. **UA:** *19. 4. 2018, TVFA-Halle,
Wien*

168 stunden (a tribute to every-day life and franz erhard walther)

*168-Stunden-Perfor-
mance & Live-Installation, urbane
Intervention*

Über 168 Stunden bewohnen Claudia
Bosse und Bettina Vismann öffentlich
in einem gespiegelten Setting eine
Baulücke, schaffen einen Ort des Ver-
weilens und eine poetische Reflektion
der Möglichkeiten zu handeln, täglich
erweitert durch Begegnungen der beiden Bewohner:innen mit raumgreifenden textilen Objekten.

K, KL, O, RAU: *Claudia Bosse.* **PER:**
Claudia Bosse, Bettina Vismann. **KOM:**
Vicky Klug. **A, KOO:** *Dagmar Tröstler.*
TI: *Marco Tölzer.* **KOS:** *Veronika Harb.*
O nähen: *Nafisa Abdelrahimsai, Rohul-
lah Malekzada.* **PL:** *Roma Janus.* **AU:**
*16.–23. 6. 2018, Brache in der Mollard-
gasse 14, Wien*

POEMS of the DAILY MADNESS

*Ein Singspiel. Adaption
von POEMS of the DAI-
LY MADNESS (2017)*

Originalbesetzung 2017 + CH: *Ines
Hardieck, Sarah Heckner, Friedhelm
Koch, Elke Köhn, Mamadoo Mehrnejad,
Susanne Slobodzian, Josephin Tischner,*

Julia Wendel, Anne Werthmann. **Chor-
leitung:** *Julia Wendel.* **AU:** *13. 9. 2018,
Maschinenhalle Friedlicher Nachbar,
Bochum, im Rahmen des »FAVORITEN
Festival«*

2019

dialogue on difference

*Performance;
performativer Dialog*

Eine Performance auf
Englisch, Arabisch und Deutsch über
die Konstruktion von Geschlechtern,
Ideologien, Biografien und Subjektivi-
täten in verschiedenen Realitäten und
geopolitischen Umfeldern, basierend
auf Vor-Ort-Recherchen in Ägypten und
Österreich.

KL, PER: *Claudia Bosse, Abdalla Daif.*
S, KO: *Günther Auer.* **R-A:** *Dagmar
Tröstler.* **KOM:** *Oliver Maus, Michael
Franz Woels.* **PL:** *Alexander Matthias
Kosnopfl, Ahmed Eldeeb.* **UA:** *4. 4. 2019,
Jesuit Cultural Centre, Alexandria, im
Rahmen des »Theater Is A Must Festi-
vals«.* **AU:** *14. 4. 2019, Tamara Build-
ing, Kairo, im Rahmen des »D-CAF/
Downtown Contemporary Arts Festival«.
Version Wien:* **AU:** *15. 11. 2019, Kosmos
Theater, Wien. Version Berlin:* **AU:**
22. 11. 2019, Vierte Welt, Berlin

THYESTES BRÜDER! KAPITAL – anatomie einer rache

*Begehbare Text-Raum-
Choreografie*

Fragile nackte Körper, die auf die
Sprache des römischen Imperiums
treffen, von ihr bewegt werden und

sie bewegen: Einverleibung, Sprechen, Schlucken, Atmen. Die Akteur:innen ergreifen die Figuren Tantalus, Furie, Atreus, Thyestes, Bote und sind zugleich der Chor. Ein Kinderchor erweitert den vierten Akt, wenn die Welt durch den Konflikt zweier Brüder im Kampf um Macht im ökologischen Chaos versinkt.

K, R, RAU: Claudia Bosse. T: Seneca, Karl Marx. Ü: Durs Grünbein. PER: Rotraud Kern (Furie + Chor), Mun Wai Lee (Atreus + Chor), Nic Lloyd (Thyestes + Chor), Lilly Prohaska (Dareios + Chor), Alexandra Sommerfeld (Bote + Chor), Juri Zanger (Marx Kommentar). CH der Kinder: Finn Cam, Nina Daumen, Sumejja Dizdarevic, Emma Fuhrmeister, Friederike Kemmether, Djordje Mandic. S, V: Günther Auer. TL: Marco Tölzer. OE: Reinhold Görling. RA: Dagmar Tröstler. KOM: Oliver Maus, Michael Franz Woels. PL: Alexander Matthias Kosnopfl. PAR: Junges Volkstheater, Wien Kultur, Resolume. P: theatercombinat. KP: FFT Düsseldorf. UA: 11.9.2019, Botschaft am Worringer Platz, Düsseldorf
Version Wien: PR: Len-Henrik Busch, Ella Felber. Ö: Barbara Pluch. CH der Kinder: Gabriel Blasl, Sonia Nicole Brindus, Sumejja Dizdarevic, Emma Edwards, Magdalena Frauenberger, Valentino Gallo, Anna Grobauer, Ines Kaiser, Franz Perko, Elina Elisabeth Pratter, Josephine Radojkovic, Hannah Resatz, Victoria Simon, Jonas E. Tonnhofer, Roswitha Zeillinger. CH-KOO: Constance Cauers (Junges Volkstheater). AU: 2.10.2010, Kasino am Kempelenpark, Wien

the last IDEAL PARADISE jakarta ③/⑤
Installation, Performance, begehbare Raum-Choreografie für eine aufgelassene Architektur

In verschiedenen Räumen der nationalen Filmstudios von Indonesien (PFN) entsteht ein Multimedia-Setting aus Objekten, Sounds und Projektionen. Mit dem Team sowie zehn indonesischen Künstler:innen erweitert sich die Arbeit um Resonanzen in die jüngere Geschichte Indonesiens.

K, I, O, C: Claudia Bosse. S, ME: Günther Auer. PER: Rotraud Kern, Mun Wai Lee, Alexandra Sommerfeld, Pat Toh, Ilse Urbanek. CH: John Heryanto, Liswati, Rita Matu Mona, Laksmi Notokusumo, Alfiah Rahdini, Ayu Permata Sari, Riyadhus Shalihin, Ibed Surgana Yuga, Yola Yulfianti, Akbar Yumni. A, PL: Maya, Ranggi Arohmansani (Jakarta), Dagmar Tröstler (theatercombinat). Projektdirektion: Anna Maria Strauss (Jakarta). KOO, RE: Dinyah Latuconsina (Jakarta). KOO-I, RE: Dea Widya. PL Jakarta, RE: Akbar Yumni. B: Karlina Supelli. KOM: Oliver Maus (theatercombinat). TL: Marco Tölzer (theatercombinat), Sigit D. Pratama, Fajar Merian (Jakarta). T, Helfer: THISPLAY. AD: Alexander Matthias Kosnopfl. UA: 26.2.2020, Studio PFN, Jakarta, auf Einladung des Goethe-Instituts Jakarta

ORACLE and SACRIFICE 1 oder die evakuierung der gegenwart ⑥
Ein Solo mit Organen und Kompliz:innen

Eine Choreografie, die in der Zukunft und Vergangenheit zu Orakeln und Opferungen forscht, die das Innere und Äußere des Körpers und das Innere und Äußere unserer Welt betastet. Lassen sich weltpolitische Entscheidungen und kommende Formen von Gemeinschaft aus den Organen lesen? Was wäre, wenn wir unsere Zukunft in unseren Organen tragen?
K, RAU: Claudia Bosse. B: Julia Zastava. S: Günther Auer. PER: Claudia Bosse, Jonas Tonnhofer. OE: Fanti Baum, Philipp Gehmacher. TL: Marco Tölzer. LI: phoenix/Andreas Hofer. M-KOM: Oliver Maus. M-Ö: Michael Franz Woels. P, Präparate: Dagmar Tröstler. UA: 9.10.2020, Tanzquartier Wien, Halle G. Version Düsseldorf: AU: 28.–31.10.2020, FFT Düsseldorf, FFT Juta

2021

commune 1-73
73 Fragmente zur Pariser Commune

In Anlehnung an die Pariser Commune 1871, dem Experiment für neue Formen urbaner Demokratie, entwickelt Claudia Bosse über den Zeitraum von zwölf Monaten gemeinsam mit Kompliz:innen 73 künstlerische Fragmente. An unterschiedlichen Orten zwischen Düsseldorf, Berlin, Paris, Tinos, Jakarta, Wien erweitert sie außerdem die Commune um nicht-menschliche Kommunard:innen. Teil von »Place International« vom FFT Düsseldorf.
K: Claudia Bosse. PER, M, G: Véronique Alain, Fanti Baum, Mun Wai Lee, Mariana Senne, Ted Gaier, Brigitta Schirdewahn, Franz Rebele, Kamil Muhammad, Irwan Ahmett, Tita Salina, Günther Auer, Kathrin Tiedemann, Jan Lemitz, Uwe Bähr, Ursula Burg, Yinfu Gao, Rosemarie Hofsess-Kerkhoff, Josephine Lyn, Jürgen Klein, Werner Klüfer, Djordje Mandic, Gisela Pöpping, Krishan Robotecki, Kornelia Robotecki, Pari Rostamianomran, Anna Maria Strauß, Thomas Widera, Les amies et amis de la commune de paris 1871 u. v. a. PL, RE: Dagmar Tröstler. AU: 25.8.2021– 29.5.2022, FFT Düsseldorf sowie in Wien, Paris, Berlin und auf Tinos

2022

commune 1-73: the assembly of different beings 1–3
Multimediale Installation und Performance als archäologisches Happening

Claudia Bosse versammelt in den Räumen des FFT und im Außenraum Fragmente, Handlungen, Material, Videos, Sounds, Erfahrungen aus *commune 1-73* und übersetzt sie in eine begehbare und berührbare multimediale Landschaft, die durch Choreografien und Handlungen der Performer:innen bzw. Besucher:innen verfugt und aktiviert wird.
K, C, I, RAU: Claudia Bosse. S: Günther Auer. PER: Mariana Senne, Mun Wai Lee, Véronique Alain, Brigitta Schirde-

wahn, Eric Androa Mindre Kolo. **A-RAU:** Thomas Widera. **TE-KOO:** Marco Tölzer. **PL:** Dagmar Tröstler. **UA:** 11. 2. 2022, FFT Düsseldorf

ORACLE and SACRIFICE in the woods ⑥
Performance für die Wälder von Wien

Eine Suche nach Spuren, Mythologien, Naturwissen, Erscheinungen und Geistern. Eine Erkundung durch das Unterholz, eine nomadische Spekulation über Materie und Moleküle, über somatische Zellen und Schallwellen. Eine transkorporale Choreografie über Werden und Gewesen-Sein mit Körpern, Organen, Pflanzen und Klängen. Eine Installation in den Wäldern mit Gesang, chorischen Konstellationen und dem Atmen des Waldes.

C, RAU, T: Claudia Bosse. **S, Klangrealisation:** Günther Auer. **KO-CH:** Peter Jakober. **PER:** Ulduz Ahmadzadeh, Claudia Bosse, Verena Herterich, Rotraud Kern, Mun Wai Lee. **CH:** Elisabeth Austaller, Bea Maria Friedl, Daniela Graf, Sarah Hollweger, Ines Kaiser, Therese Leick, Anne Megier, Larry Mey, Susa Muzler, Hannah Resatz, Gerlinde Riegler, Carla Rihl, Mariella Schwarten, Karine Blanche Seror, Constance Steininger, Grace Talbot, Defne Uluer, Joanna Zabielska, Christine Zuna-Kratky. **KOS:** Julia Zastava. **D:** Fanti Baum. **R-A:** Maren Streich. **PR:** Ines Kaiser, Hannah Resatz. **M-KOM:** Oliver Maus. **PL, RE:** Dagmar Tröstler. **UA:** 8. 5. 2022, Prater, Wien

ORACLE and SACRIFICE jakarta ⑥
Installation, Performance

Nach der Bühnenversion und einer Residenz im Studio Plesungan in Surakarta entstand diese begehbare Version für das neue Areal des Kunstzentrums Taman Ismail Marzuki, TIM. Im Pool vor dem alten Planetarium wird die Performance über Orakel, Opfer, Körper und Umwelt ein begehbares Setting mit Objekten, Organen, Leuchtkörpern sowie mit Live-Sounds von Günther Auer.

K, RAU: Claudia Bosse. **S:** Günther Auer. **PER:** Claudia Bosse, Kris Yosep Kusnadi. **A:** Annastasya Verina Aryanti. **B:** Akbar Yumni. **A, PL:** Lebaran Festivali (Jakarta), Dagmar Tröstler (theatercombinat). **UA:** 4. 12. 2022, Planetarium des TIM, Jakarta

Zyklen und Serien:
produktion des raumes (2004–2005): *firma raumforschung* (Wien, 2004), *oú est donc le tableau* (Wien, 2005), *palais donaustadt* (Wien, 2005)
tragödienproduzenten (2006–2009): *les perses* (Genf, 2006), *die perser* (Wien, 2006), *turn terror into sport* (Wien, 2007), *coriolan* (Wien, 2007), *phèdre* (Genf, 2008), *die perser* (Braunschweig, 2008), *bambiland08* (Wien, 2008), *perser review* (Wien, 2009), *coriolan review* (Wien, 2009), *phèdre review* (Wien, 2009), *bambiland's day* (Düsseldorf, 2009), *bambiland review: rehe und raketen* (2009), *2481 desaster zone* (Wien, 2009), *bambiland09* (Wien, 2009)
politische hybride (2010–2020): *vampires of the 21st century oder was also tun?* (Düsseldorf/Wien, 2010), *vampires of the 21st century or what is to be*

done? (New York, 2011), *the future of the vampires* (Wien, 2011), *dominant powers – landschaften des unbehagens* (Wien, 2011), *dominant powers. was also tun?* (Wien, 2011), *some democratic fictions* (2011–2019), *dominant powers. que faire alors?* (Tunesien, 2012), *dominant powers. what is to be done then?* (Zagreb, 2012), *biographical landscapes of new zagreb* (Zagreb, 2012), *designed desires* (Wien, 2012), *struggling bodies in capitalist societies (democracies)* (Wien, 2012), *serie: thoughts meet space* (2013–2016), *what about catastrophes?* (Wien, 2014), *catastrophic paradise* (Düsseldorf, 2014), *politics of paradise and catastrophes* (Düsseldorf, 2014), *catastrophic paradise* (Wien, 2015), *catastrophic paradise* (Mannheim, 2015), *zyklus: (katastrophen 11/15) ideal paradise* (2015–2020)

thoughts meet space (2013–2016): *thoughts meet space* (Wien, 2013), *thoughts meet space beirut* (Beirut, 2013), *thoughts meet space athens* (Athen, 2014), *thoughts meet space cairo* (Kairo, 2015), *thoughts meet space cairo in vienna* (Wien, 2016)

(katastrophen 11/15) ideal paradise (2015–2020): *a first step to IDEAL PARADISE* (Krems, 2015), *a second step to IDEAL PARADISE* (Wien, 2015), *a third step to IDEAL PARADISE* (Wien, 2015), *urban laboratory IDEAL PARADISE* (Wien, 2015), *IDEAL PARADISE clash* (Wien, 2016), *IDEAL PARADISE* (Wien, 2016), *IDEAL PARADISE shifting space* (Bukarest, 2016), *the last IDEAL PARADISE* (Düsseldorf, 2016), *urban laboratory IDEAL PARADISE ukraine* (Kiew/Charkiw, 2017), *applied poetics in urban space* (Kiew, 2017), *the last IDEAL PARADISE* (Essen, 2018), *the last IDEAL PARADISE jakarta* (Jakarta, 2020)

oracle and sacrifice (ab 2020): *ORACLE and SACRIFICE 1 oder die evakuierung der gegenwart* (Wien/Düsseldorf, 2020; Wien, Münster, Surakarta, Jakarta, 2022), *ORACLE and SACRIFICE in the woods* (Wien, 2022)

ORGAN/ismus – poetik der relationen (ab 2022) Performance- und Forschungsformate zu Relationen zwischen Körpern, Materie, Lebewesen, Organismen, Strukturen und Räumen.

Kooperationspartner und Förderer: Am Kempelenpark Wien; Ashkal Alwan Beirut; Association Genèveberlin; Athen-SYN; Bhive Athen; Bezirkskultur Josefstadt; BKA Kunst; BMUKK; Brick-5; brut Wien; Bündnis internationaler Produktionshäuser; Change of Scene – Robert Bosch Stiftung; CLUSTER; Département de l'instruction publique (Stadt Genf) DIP; Donaufestival; Ernst Göhner Stiftung; Fondation Leenaards; Erste Bank Austria; Eurofoa; Festival »reich & berühmt«; Festival der Regionen; Festival »Theaterformen«; Festspielhaus Hellerau; FFT – Forum Freies Theater Düsseldorf; Fondation Nestlé pour l'Art; Fonds Darstellende Künste; Frankfurter Kunstverein; Goethe-Institut Alexandria, Jakarta, Tel Aviv und Zagreb; Hauptbücherei Wien; Hauptstadtkulturfonds; Haus des Meeres Wien; Hellenic Institute Alexandria; Hunger auf Kunst und Kultur; ImPulsTanz – Vienna International Dance Festival; Institut für Angewandte Theaterwissenschaft Gießen; Institut für Kunst und Gestaltung 1/TU

Wien; Internationales Theater Institut ITI; Janaklees Art Space Alexandria; Johan Winter/BKK-3; Junges Volkstheater; Kampnagel Hamburg; KÖR Kunst im Öffentlichen Raum Wien; Kosmos Theater Wien; Kulturförderungsmittel der Bezirke Alsergrund, Donaustadt, FAVORITEN Festival, Leopoldstadt, Landstraße, Margareten, Meidling, Neubau und Wieden; Kulturhaus Brotfabrik; Kulturkontakt Austria; Kunststiftung NRW; Kroatisches Kulturministerium; Loft City; Loterie Romande; MAK-Gegenwartskunstdepot Gefechtsturm Arenbergpark; Museum of Contemporary Art Zagreb (MSU); Nationales Performance Netz (NPN); Nationaltheater Montenegro; Oertli-Stiftung; Radio ORANGE 94.0.; ORF Radio-Symphonieorchester Wien; Österreichische Botschaft Athen und Jakarta; Österreichisches Kulturforum Kairo, Kiew und Zagreb; Österreichisches Ministerium für Bildung und Kultur; Österreichisches Siedlungswerk; Perum Produksi Film Negara (PFN); Podewil Berlin; Porr; Prisma; Pro Helvetia; Recherchestipendium Darstellende Kunst der Senatsverwaltung für Kultur und Europa Berlin; Reflection for Arts, Training & Development Alexandria; Resolume; School of Visual Theatre Jerusalem; Schweizer Kulturstiftung; Staatstheater Braunschweig; Stadt Genf; Stadt Zagreb; Stadtarchiv Düsseldorf; Szenenwechsel – Robert Bosch Stiftung; Tanzkongress 2016; Tanzquartier Wien; Théâtre du Grütli; TransDance 14: FOREVER HaRaKa; Urban Curators Kiew; Urbanize!; Vierte Welt Berlin; Volkskundemuseum Wien; Watermill Centre New York; Wekalet Behna Art Space Alexandria; Weltmuseum Wien; Wien Kultur; »Wien Modern«; Wiener Bezirksvorsteher des 2., 3., 5. und 6. Bezirks; Wiener Linien; Wiener Magistratsabteilung 33; Wijhat International Mobility Fund for Artists and Cultural Actors by Culture Resource (Al Mawred Al Thaqafy); Wohnbauvereinigung für Privatangestellte.

Band 7 der Publikationsreihe »Postdramatisches Theater in Portraits« der Kunststiftung NRW im Alexander Verlag Berlin. Sie wird herausgegeben von Florian Malzacher, Aenne Quiñones und Kathrin Tiedemann.

Kunststiftung
NRW

Bereits erschienen:
Gob Squad – What are you looking at?, hg. von Aenne Quiñones
Gintersdorfer/Klaßen – Eleganz ist kein Verbrechen,
hg. von Kathrin Tiedemann
andcompany&Co. – the & of history, hg. von Florian Malzacher
Rimini Protokoll – welt proben, hg. von Christine Wahl
She She Pop – Mehr als sieben Schwestern, hg. von Aenne Quiñones
Boris Nikitin – Das Gegenteil der Dinge, hg. von Florian Malzacher

In Vorbereitung:
deufert&plischke – Durcheinander, hg. von Lea Gerschwitz
Theater HORA – Je langsamer, desto schneller, hg. von Marcel Bugiel

© Alexander Verlag Berlin 2023
Alexander Wewerka, Fredericiastr. 8, D-14050 Berlin
info@alexander-verlag.com | www.alexander-verlag.com
Alle Rechte vorbehalten
Lektorat: Christin Heinrichs-Lauer
Gestaltung: Antje Wewerka

Druck und Bindung: Interpress, Budapest
ISBN 978-3-89581-584-3 | Printed in Hungary (May) 2023

the tears of stalin, Prag, 2011

turn terror into sport, Wien, 2007

bambiland08, Wien, 2008

die perser, Braunschweig, 2008

coriolan, Wien, 2007

phèdre, Genf, 2008

palais donaustadt, Wien, 2005

SCHLAF gegen düsseldorf, Düsseldorf, 2002

die sprache verk eidet den gedanke
und zwar so daß an nach der ußeren for
des k eides nicht auf die for des bek eide
jeda kens sch ießen kann wei die ußere
es k eides nach ganz anderen zwecke g
det ist a s danach die for des körpe
kennen zu assen udwig wittg

anatomie sade/wittgenstein, Wien, 2002

massakermykene, Wien, 2000

oben und unten: *fatzer-fragment*, Genf, 1998

maude oder la malvivante, Berlin, 1997

moi, maude ou la malvivante, Genf, 1996

moi, maude ou la malvivante, Genf, 1996

mauser, Berlin, 1997